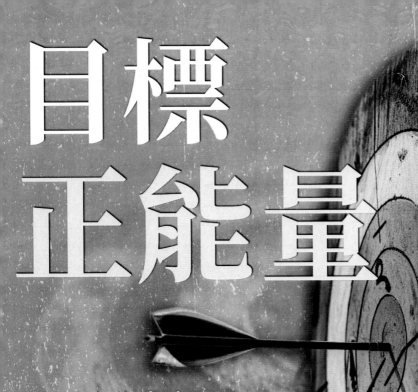

目標
正能量

90 天定位成功
每個「夢」都能成真

U0087253

分解目標、精確定位、堅韌信念、制定計畫
掌握七步達成目標之藝術

肖鳳德，王兵圍　著

你為什麼不成功？因為你沒有目標！
如果你有目標，它會在無形中釋放出能量，推動你走向成功

認識目標 → 設定目標 → 管理目標 → 改變人生
18 個心理測驗和 9 個練習目標，一本書造就自己的人生

目錄

第四章
七個步驟輕鬆設定目標

第五章
七個步驟有效達成目標

第六章
八個目標領域達成平衡

第七章
現在開始，「90 天」改變你的人生

第八章
執行目標絕不打折

後記　想像五年之後的你

前言

你為什麼不成功？因為你沒有目標！如果你有目標，它會在無形中釋放出能量，推動你走向成功。哈佛研究顯示：

27%的人沒有目標；

60%的人目標模糊；

10%的人有清晰但比較短期的目標；

其餘3%的人有著清晰而長遠的目標。

25年後，3%的人，幾乎都成為社會各界成功人士；10%的人大都生活在社會中上層；60%的人都生活在社會中下層；剩下27%的人在抱怨他人，抱怨社會。

由此看來，在我們實現自我價值的人生之旅中，樹立一個目標至關重要。

一個人能成為什麼樣的人不在於他出身如何，而在於他如何造就自己，在於他的目標和規劃如何。本書旨在幫助想要成功的人士認識目標，學會設定自己的人生目標，管理自己的目標，最終改變自己的人生，成為一名真正的成功者。全書內容豐富實用，可操作性極強，每章都附有步驟清晰的實踐方案：非常有意思的18個心理測驗和特別有價值的9個練習目標。

成功，由狂熱的目標引領；給自己定位，定好位有地位；強化信念，明確的目標離不開堅定的信念；七個步驟輕鬆設定目標；七步達標，達成目標的七個步驟；巔峰人生，八個領域

的目標平衡論；現在開始，「90 天」改變你的人生；執行，目標絕不打折；注意那些影響目標實現的心理因素。

　　學習本書的理論，運用作者提供的實踐方案，你就能找到自己的目標並制定出切實可行的計畫，從而更快地獲得成功。

第一章
成功，由狂熱的目標引領

　　正如空氣對於生命不可或缺一樣，目標對於成功也有絕對的必要。如果沒有空氣，沒有人能夠生存；如果沒有目標，沒有人能夠成功。

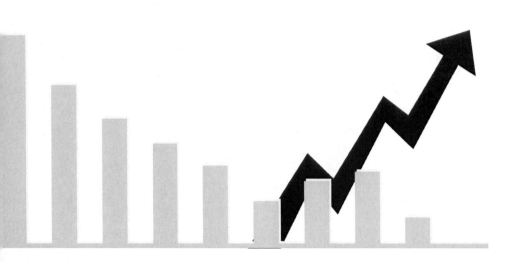

認清自己的使命

　　成功是用目標的階梯搭成的。你為什麼是窮人？第一點原因就是你沒有立下成為富人的目標。有人設定目標想擺脫目前的困境，有可口的飯菜及穩定的生活，有的人卻立志成為百萬甚至億萬富翁，這也就決定了兩類人若干年之後的生活狀態。

　　唐太宗貞觀年間，長安城西的一家磨坊裡，有一匹馬和一頭驢子。牠們是好朋友，馬在外面拉東西，驢子在屋裡推磨。貞觀三年，這匹馬被玄奘大師選中，出發經西域前往印度取經。

　　17年後，這匹馬馱著佛經回到長安，牠重回到磨坊會見驢子朋友。老馬談起這次旅途的經歷：浩瀚無邊的沙漠、高入雲霄的山嶺、凌峰的冰雪、熱海的波瀾……那些神話般的境界，使驢子聽了極為驚詫。驢子感嘆道：「你有多麼豐富的見聞啊！那麼遙遠的道路，我連想都不敢想。」老馬說：「其實，我們跨過的距離是大致相等的，當我向西域前行的時候，你一步也沒停止。不同的是，我和玄奘大師有一個遙遠的目標，按照始終如一的方向前進，所以我們開啟了一個廣闊的世界。而你被矇住了眼睛，一生就圍著磨盤打轉，所以永遠也走不出這個狹隘的天地。」

　　傑出人士與平庸之輩最根本的差別，並不在於天賦，也不在於機遇，而在於有無人生目標！就像那匹老馬與驢子，當老

馬始終如一地向西天前進時，驢子只是圍著磨盤打轉。儘管驢子一生所跨出的步伐與老馬相差無幾，可因為缺乏目標，牠的一生始終走不出那個狹隘的天地。

一位生物學家曾經做過一個有趣的實驗，他將跳蚤隨意向地上一拋，牠能從地面上跳起一公尺多高，但是如果在一公尺高的地方放個蓋子，這時跳蚤會跳起來撞到蓋子，而且是一再地撞到蓋子，過一段時間後，你拿掉蓋子，你會發現，雖然跳蚤繼續在跳，但已經不能跳到一公尺高以上了，直至結束生命都是如此。

為什麼呢？理由很簡單，跳蚤牠們已經調節了自己跳的高度，而且適應了這種情況，不再改變。不但跳蚤如此，人也一樣，有什麼樣的目標就有什麼樣的人生，我們周圍有許多人都明白自己在人生中應該做些什麼，可就是遲遲拿不出行動來，根本原因乃是他們欠缺一些能吸引他們的未來目標。

讓我們看看弗洛倫斯‧查德威克（Florence Chadwick）因為失去目標而引發的遺憾吧！

1952 年 7 月 4 日清晨，加州海岸籠罩在濃霧中，在海岸以西 21 英里的聖卡塔利娜島上，一個 34 歲的女人涉水進入太平洋中，開始向加州海岸游去，要是成功了，她就是第一個游過這個海峽的女性。這名女性叫弗洛倫斯‧查德威克，在此之前，她是從英法兩邊海岸遊過英吉利海峽的第一個婦女。那天早晨，海水凍得她身體發麻，霧很大，她連護送她的船都幾乎

看不到，時間一個鐘頭一個鐘頭過去，千千萬萬人在電視上注視著她，在以往這類渡海游泳中她的最大問題不是疲勞，而是刺骨的水溫。15 個鐘頭之後，她被冰冷的海水凍得渾身發麻，她知道自己不能再游了，就叫人拉她上船。她的母親和教練在另一條船上，他們告訴她海岸很近了，叫她不要放棄，但她朝加州海岸望去，除了濃霧什麼也看不到。幾十分鐘之後，人們把她拉上了船，而拉她上船的地點，離加州海岸只有半英里！

當別人告訴她這個事實後，從寒冷中慢慢復甦的她很沮喪，她告訴記者，真正令她半途而廢的不是疲勞，也不是寒冷，而是因為在濃霧中看不到目標。查德威克一生中就只有這一次沒有堅持到底。兩個月之後，她成功地游過了同一個海峽，她不但是第一位游過卡塔利娜海峽的女性，而且比男子的記錄還快了大約兩個鐘頭。

對於查德威克這樣的游泳好手來說，尚且需要目標才能力爭上游完成她有能力完成的任務，對一般的人來說就尤其如此。

當一個人覺得自己的目標並不重要時，他為達到目標所付出的努力就沒有什麼價值。如果你覺得自己的目標很重要，情況就會相反。如果你的各個目標組成了你所珍視的理想，那麼你就會覺得為之付出的努力是有價值的。

當你處在正確的道路上的時候，就會有很強的目標感、很堅定的信念，知道你正在前進的方向是通往你理想的正確方

向，你正在一個積極的方向上前進，每一天，你都會感覺到一些新的、有意義的事情在你身上發生。

目標名言

實現明天目標的唯一障礙就是今天的懷疑，讓我們以積極的信念堅強地向前推進。

—— 美國第 32 任總統富蘭克林·羅斯福（Franklin Roosevelt）

激發我們的潛能

　　沙丁魚是大海中十分平常的魚類，牠們身體瘦小，幾乎是所有魚類的食物，但是沙丁魚卻可以殺死一頭巨大的鯨魚。

　　沙丁魚殺死鯨魚的方法很簡單。當牠們遇到鯨魚時，沙丁魚就拚命地逃，鯨魚張開大嘴跟在沙丁魚後面。沙丁魚離海灘越來越近，但是鯨魚卻渾然不知。等到鯨魚以極快的速度接近海灘時，牠們已經太遲了，巨大的身軀在慣性作用下，衝上海灘，沉重的身體陷在海沙中，無法動彈。而沙丁魚身體很小，牠們只需要很少的水就能存活。在這場力量懸殊的爭鬥中，最終以鯨魚的死亡而結束。

　　在這個小故事裡我們看到，鯨魚因為追逐小利而死去，為了微不足道的目標而空耗了自己的巨大能量；小小的沙丁魚由於善用自身的潛能，把鯨魚引向了死亡的深淵。

　　沒有遠大目標的人，就像故事中的鯨魚一樣，牠雖有巨大的能力，但牠把精力放在小事情上，而小事情使牠忘記了自己應該做什麼。要發揮自身的潛力，你必須全神貫注於自己有優勢並且會有高回報的方面。遠大的目標能助你集中精力，當你不停地在自己的優勢方面努力時，這些優勢會進一步發展，直到達成目標。

　　美國伯利恆鋼鐵公司（Bethlehem Steel Corporation）的建立者施瓦布（Charles Schwab）出生在美國鄉村，只受過很短

的學校教育。儘管如此，施瓦布卻雄心勃勃，無時無刻不在尋找著發展的機遇。他相信，自己一定能做成大事。

18歲那年，齊瓦勃來到鋼鐵大王卡內基（Andrew Carnegie）所屬的一個建築工地工作。一踏進建築工地，施瓦布就抱定了要做同事中最優秀的人的決心。

一天晚上，同伴們都在閒聊，唯獨施瓦布躲在角落裡看書。這恰巧被到工地檢查工作的公司經理看到了，問道：「你學那些東西幹什麼？」施瓦布說：「我想我們公司並不缺少工作者，缺少的是既有工作經驗、又有專業知識的技術人員或管理者，不是嗎？」有些人諷刺挖苦施瓦布，他回答說：「我不光是在為老闆工作，更不單純是為了賺錢，我是在為自己的夢想工作，為自己的遠大前途工作。」抱著這樣的信念，施瓦布一步步上升到了總工程師、總經理，最後被卡內基任命為鋼鐵公司的董事長。最後，施瓦布終於建立了大型的伯利恆鋼鐵公司，並創下了非凡的業績。憑著自己對成功的長久夢想和實踐，施瓦布完成了從一個勞工到創業者的飛躍。

開始時心中就懷有一個高的目標，意味著從一開始你就知道自己的目的地在哪裡，以及自己現在在哪裡。朝著自己的目標前進，至少可以肯定，你邁出的每一步都是方向正確的。一開始時心中就懷有最終目標會讓你逐漸形成一種良好的工作方法，養成一種理性的判斷法則和工作習慣。有了一個高的奮鬥目標，你的人生也就成功了一半。如果思想空白、格調低下，

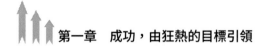

生活品質也就趨於低劣；反之，生活則多姿多采，盡享人生
樂趣。

　　沒有目標，人們很容易陷進跟理想無關的現實事務當中。
一個會忘記最重要事情的人，一定會成為瑣事的奴隸。

目標名言

　　只有那些勇於相信自己內心有某種東西能夠戰勝周圍環
境的人，才能創造輝煌。

　　── BBDO廣告公司的締造者布魯斯‧巴頓（Bruce　Barton）

把握現在才能實現目標

美國電影《阿甘正傳》（*Forrest Gump*）向我們講述的就是主角阿甘只把握今天，從而創造了一個接一個輝煌的故事。

阿甘是個智商只有 75 的身心障礙者。但是在母親的關懷和鼓勵下，他很早就走出了自卑的陰影，而且執著地把握著每天的生活。當在學校裡面遭到同學的欺侮時，他用奔跑來對付他們。而正是這種奔跑，使他順利地跑進了一所學校的橄欖球場。在橄欖球賽中，他從不想自己是個身心障礙者，而只管在每場球賽中用最快的步伐甩掉對手，這種執著把他送進了大學，並成為大學的橄欖球巨星，受到了甘迺迪總統（John Kennedy）的接見。

在入伍去了越南的戰場後，阿甘不管別人對戰爭有多麼的仇視，他只認為自己應該做好的就是今天的事，因而對國內的高昂反戰情緒毫不理會。同樣，執著又成就了他，他作為英雄受到了詹森總統（Lyndon Johnson）的接見。

阿甘有一個從小青梅竹馬的玩伴珍妮，兩人也互相喜歡。但珍妮更嚮往一種有激情的生活，這是阿甘不能給她的，於是她出走了。阿甘很愛珍妮，她的出走讓阿甘很傷心，但阿甘並沒有就此放棄掌握自己的生活。他依然按自己的想法，按部就班地做著一件又一件的事情。而恰恰是這種放鬆的心態，成就了阿甘一個又一個的事蹟：他先成為美國的桌球巨星，直接參

與了中美兩國的桌球外交活動，並受到了總統的接見；後來，他又成為一個捕蝦公司的老闆，並成為百萬富翁。有一天，珍妮回來了，在和阿甘共同生活了一段日子後，她又走了。阿甘突然覺得自己想跑，於是他開始奔跑，這一跑就橫越了整個美國，他又一次成了名人。正是憑著這種只把握今天的執著，阿甘創造了自己人生的輝煌。

在現實生活中，有過許多許多這樣的日子：我們常常為昨天的失落，念念不忘、喋喋不休、耿耿於懷；又常常為明天的美麗，意氣風發、熱血沸騰、鬥志昂揚。然而，或許你察覺不到，就在這埋怨與幻想當中，就在這追悔與興奮當中，我們失去了最寶貴也最容易失去的今天。昨天是失去的今天，明天是未來的今天。只有今天，才是我們真實地擁有的。

在美國華爾街的股票市場交易所，埃文斯工業公司（Evans Products Company）是一家保持了長久生命力的公司。但你可知道，公司的創始人愛德華・埃文斯（Edward Evans）卻因為絕望而差點自殺。愛德華・埃文斯生長在一個貧苦的家庭裡，開始時靠賣報來賺錢，然後在一家雜貨店當店員。八年之後，他才鼓起勇氣開始自己的事業。然後，厄運降臨了 —— 他替一個朋友背書了一張面額很大的支票，而那個朋友破產了；禍不單行，不久那家存著他全部財產的大銀行倒了，他不但損失了所有的錢，還負債 16 萬美元。他經受不住這樣的打擊，開始生起奇怪的病來；有一天，他走在路上的時

候，昏倒在路邊，以後就再也不能走路了。最後醫生告訴他，他只有兩個禮拜能活了。想著只有幾天能活了，他突然感覺到了生命是那麼的寶貴。於是，他放鬆了下來，好好把握著自己的每一天。

奇蹟出現了。兩個禮拜後埃文斯並沒有死，六個禮拜以後，他又能回去工作了。經過這場生死的考驗，他明白了患得患失是無濟於事的，對一個人來說最重要的就是要把握住現在。他以前一年曾賺過兩萬塊美金，可是現在能找到一個禮拜三十塊美金的工作，就已經很高興了。正是有這種心態，愛德華·埃文斯的進展非常快。不到幾年，他已是埃文斯工業公司的董事長了。正是因為學會了只生活在今天的道理，愛德華·埃文斯取得了人生的勝利。

希萊爾·貝洛克（Hilaire Belloc）說：「當你做著將來的夢或者為過去而後悔時，你唯一擁有的現在卻從你手中溜走了。」目標是朝向將來的，但是起點是今天。昨天是張作廢的支票，明天是尚未兌現的期票，只有今天是現金。所以，只有把握好今天，才能走出昨天，開創明天。

目標名言

理想使你微笑地觀察著生活；理想使你倔強地反抗著命運；理想使你忘記鬢髮早白；理想使你頭白仍然天真。

—— 中國當代著名詩人流沙河

為實現目標做好準備

有句古話：「臺上一分鐘，臺下十年功。」我們常羨慕別人的機遇好，羨慕命運對別人的青睞，羨慕別人的成功，而卻沒有看到榮耀和鮮花背後所付出的千辛萬苦。

有這麼一個寓言：有個人非常信上帝。有一次，他被風雨困在一個孤島上。於是他開始祈禱，祈求上帝救他。這時候來了一艘船。他不上船，繼續祈禱。過了一會又來了一架直升機，他還是不上飛機，繼續祈禱。最後他上了天堂。來到天堂，他馬上憤憤不平地責問上帝：「上帝，我是那麼虔誠地祈禱，祈求你救我，你怎麼能見死不救呢？」上帝說：「我不是不來救你，我連續派來了小船和飛機，只是你視而不見啊！」現實中，有的人機會來了也沒能抓住，那就只能失去機會。所以，如果我們有了目標一定要學會未雨綢繆，從現在開始做好準備，當機遇輕輕地叩響門扉時，我們就會沉著地應和一聲，踩著它的節拍，旋轉而去，千萬不要眼睜睜地看著它，在悠悠之間，從你身邊姍姍飄過，而你卻無能為力。

愛迪生（Thomas Edison）研究電燈時，工作難度非常大，1,600 種材料被他製作成各種形狀，做為燈絲，效果都不理想，要麼壽命太短，要麼成本太高，要麼太脆弱，工人難以把它裝進燈泡。全世界都在等待他的成果。半年後人們失去耐心了，紐約《先驅報》（The Herald）說：「愛迪生的失敗現

在已經完全證實，這個感情衝動的傢伙從去年秋天就開始電燈研究，他以為這是一個完全新穎的問題，他自信已經獲得別人沒有想到的用電發光的辦法。可是，紐約的著名電學家們都相信，愛迪生的路走錯了。」愛迪生不為所動，繼續著自己的實驗。英國皇家郵政部的電機師普利斯在公開演講中質疑愛迪生，他認為把電流分到千家萬戶，還用電錶來計量，是一種幻想。愛迪生繼續摸索。人們還在用瓦斯燈照明，瓦斯公司竭力說服人們：愛迪生是個言過其實的大騙子。就連很多正統的科學家都認為他在想入非非，有人說：「不管愛迪生有多少電燈，只要有一盞壽命超過 20 分鐘，我情願付 100 美元，有多少買多少。」有人說：「這樣的燈，即使弄出來，我們也點不起。」他毫不動搖。在進行這項研究一年之後，他終於造出了能夠持續照明 45 小時的電燈，完成了對自己的超越。

經過自己的堅持和努力，愛迪生不但促成了自己的蛻變，牢牢樹立了自己在世人心目中偉大發明家的地位，而且促成了人類生活方式的一次大變遷。正是因為有了他的這項發明，人類才真正進入了電氣時代。

沒有耕耘就沒有收穫，有人把科學家重大發現、發明的原因歸結為偶然的機遇，這實在是一個謬誤。法國著名微生物學家巴斯德（Louis Pasteur）指出，「在觀察的領域裡，機遇只偏愛那種有準備的頭腦」。試想，如果弗萊明（Alexander Fleming）不是一個細菌學專家，或者對葡萄球菌沒有經歷數

年的研究，或者粗心大意，把發了霉的培養液隨手倒掉，那他還能成為青黴素的發現者嗎？試想，愛迪生如果不是透過無數次試驗，證明上千種材料不能做燈絲，並一直傾心於此項研究，又怎能發現適合做燈絲的鎢呢？

現實生活中有些人總是坐著等機遇，躺著喊機遇，睡著夢機遇，做「守株待兔」的人。殊不知如果這樣，機遇就會像滿天星斗，可望而不可及，即使機遇真的來到身邊，他也發現不了，更不用說去把握和利用了。

機遇只偏愛有準備的頭腦，能否抓住機遇、利用機遇，關鍵在於人們的準備，在於人們知識、文化、思想等多方面的準備，在於勤奮努力。朋友，你準備好了嗎？

目標名言

進步是目的，理想是標準。

—— 法國浪漫主義作家雨果（Victor Hugo）

把大目標分解成小目標

安東尼・羅賓（Anthony Robbins）說過，「大部分的人都高估自己一年能做到的事情，但是嚴重低估自己 10 年能做的事情」。因此，不要低估自己的能力，任何人在任何領域 5 年會變成專家，10 年會變成權威，15 年會變成世界頂尖。我們看到有些人設定了一個目標，一個月達不成、兩個月達不成就放棄了。比如他現在一個月才賺一兩萬塊錢，但是設定目標要一年賺 100 萬，結果到年底沒有賺到 100 萬就放棄了。可是如果他非常認真學習銷售，學習公開演說，學習領導和行銷，規劃 5 年到 8 年的學習期，而且持之以恆地去執行，你覺得 8 年之後有沒有可能一年賺 100 萬？只要把時間拉長就變得容易多了，但是很多人卻希望一年之間做出很大的成績來。就算你寫本書也至少要花一年的時間，凡事都要有個醞釀期，但是很多人等不完這個醞釀期就已經把自己給結束了！所以安東尼・羅賓又說：「沒有不合理的目標，只有不合理的期限。」

所以，有一件事實在太重要了，那就是：放大你的格局，格局放得越大，你的人生就越不可思議。同時，將大目標分割成不同時期的小目標，這樣成功就會越來越近。

1984 年，在東京國際馬拉松邀請賽中，名不見經傳的日本選手山田本一出人意料奪得了世界冠軍。當有人問他憑什麼取得如此驚人的成績時，他只是笑笑說：「憑智慧戰勝對手。」

當時，不少人都認為這個偶然跑到前面的矮個子選手是在「故弄玄虛」。馬拉松比賽是體力和耐力的運動。只有身體特質好又有耐力，才可能奪冠，爆發力和速度都還在其次，說什麼用「智慧」取勝，實在不能使人信服。

兩年後，馬拉松邀請賽在義大利北部城市米蘭舉行，山田本一代表日本參加比賽。他又一次獲得了世界冠軍，又有人請他談經驗。性情木訥的山田本一回答的仍是上次那句話：「憑智慧戰勝對手。」這一次，人們對他的話不再不以為然，但對所謂的「智慧」仍然迷惑不解。

十年以後，這個謎底終於被解開了。他在他的自傳中是這麼寫的：「每次比賽之前，我都要乘車把比賽的路線仔細看一遍，並把沿途比較明顯的標誌畫下來。比如第一個標誌是銀行；第二個標誌是一棵大樹；第三個標誌是一座紅房子……這樣一直畫到賽程的終點。比賽開始後，我就以跑一百公尺的速度，奮力地向第一個目標衝去，過第一個目標後，我又以同樣的速度向第二個目標衝去。起初，我並不懂這樣的道理，常常把我的目標定在 40 公里外的終點那面旗幟上，結果我跑到十幾公里時就疲憊不堪了，我被前面那段遙遠的路程給嚇倒了。」

在生活中，有些人做事之所以會半途而廢，往往不是因為能力不夠，而是因為怯懦和畏難。在人生的旅途中，我們如果稍微具有一點山田本一的「智慧」，也許會少走許多彎路，減少許多懊悔和惋惜。要成就一件大事，最關鍵的是要有決心，

確立自己的志向，同時要善於把大目標分解為一個個具體的小
目標。不怕艱苦，不懈努力，步步爭先，節節推進，迎接你的
就是成功！

目標名言

沒有目標，哪來的勁頭？
—— 俄國革命家、哲學家、作家車爾尼雪夫斯基
（Chernyshevskii）

失敗時應重新了解和修正目標

　　人生是個不斷探索的過程，而實現目標的過程也充滿了許多未知的因素，失敗是難免的。失敗的產生必定有其原因，有時候並不是由於人的能力、學識不足，而是由於錯誤地選擇了目標，而失敗正是給予你一個重新思考、從錯誤中解脫的良機。所以每個人都需要學會重新了解自己的目標，學會不斷反思，以使接下來的程序更有效率。

　　蜘蛛猴是一種很有趣的動物，牠是生長在中南美洲、很難捕捉的一種小型動物。多年來人們想盡方法，用裝有鎮靜劑的槍去射擊，或用陷阱捕捉牠們，都無濟於事，因為牠們的動作實在太快了。後來，有人想出了一個辦法，在一個窄瓶口的透明玻璃瓶內放進一顆花生，然後等待蜘蛛猴走向玻璃瓶，伸手去拿花生。一旦牠拿到花生時，你就可以抓到牠了。

　　因為當時蜘蛛猴手握拳頭緊抓著那顆花生，所以牠的手抽不出玻璃瓶，而那個瓶子對牠來說又太大了，使牠無法拖著瓶子走。但牠十分頑固 —— 或者是太笨了 —— 始終不願意放下那顆已經到手的花生。就算你在牠身旁倒一大堆花生或者香蕉，牠也不願意放開手中那顆花生，所以，這時狩獵者便可以輕而易舉地抓到牠。

　　有些時候，為了追求更適合自己的目標，你就必須先放下手中的「那顆花生」。這不是見異思遷，而是你願意改變一些

習慣，使自己更有彈性，願意在嘗試新的方法之前，先放棄一些現有的利益。

美國著名的不動產經紀人安德魯最初是葡萄酒業務員，這是他的第一份工作，他不知道還能做什麼，於是他認為自己的目標就是「賣葡萄酒」。最初他為一個賣葡萄酒的朋友工作，接著為一名葡萄酒進口商工作，最後和另外兩個人合作辦起了自己的進口業務，這並非出自興趣，而是因為，正如他自己所說：「為什麼不？我過去一直在賣葡萄酒。」

生意越來越糟，可安德魯還是拚命抓住最後一根稻草，直到公司倒閉。他不改行，是因為他不知道還能做什麼。

事業的失敗迫使他去上一門教人們如何開業的課，他的同學有銀行家、藝術家、汽車維修工，他逐漸認識到這些人並不認為他是個「賣葡萄酒的」，而認為他是個「有才能的人」、「多面手」，他們對他的看法使他拋棄了原來的目標。

他開始仔細分析自己，探索其他行業，思考自己到底能做什麼。最後，他選擇了和夫人一起開展不動產業務，使他取得了推銷葡萄酒永遠不能為他帶來的成功。

許多職業專家認為，一個人一生中至少要經過兩三次變換，才能最後找到適合自己特長的事業，而確定自己合理的目標，則需要同樣長的一段時間。

失敗促使我們進行一次次的探索和調整，為我們提供了獨特的學習機會，更能反映出我們自身的弱點，指導我們重新調

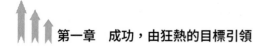

整人生的航向。面對失敗,找出原因是第一步,然後要從失敗
中汲取力量,要用積極的眼光,從中尋找成功的種子。失敗之
後的反思,是對人生最透澈的分析,藉此機會,可以學習自己
從前未接觸的知識,可以擴大視野,充實精神。

目標名言

　三軍可奪帥也,匹夫不可奪志也。

　　—— 儒家學派的創始人、中國古代的思想家和教育家孔丘

小測試一：
測試你的成功心理傾向

　　不是測試你的技巧，也不是向你提出什麼難題，只是對你的成功心理傾向做個剖析，使你對自己有個正確的評價。

　　回答下列每一個問題，並把反映你基本態度的答案記分：
A. 非常同意；B. 有些同意；C. 有些不同意；D. 不同意。

1. 快樂的意義對我來說比錢重要得多。

2. 假如我知道這件工作必須完成，那麼工作的壓力和困難並不能困擾我。

3. 有時候成敗的確能論英雄。

4. 我對犯錯誤非常嚴厲。

5. 我的名譽對我來說極為重要。

6. 我的適應能力非常強，知道什麼時候將會改變，並為這種改變準備。

7. 一旦我下定決心，就會堅持到底。

8. 我非常喜歡別人把我看成是個身負重任的人。

9. 我有些嗜好花費很高，而且我有能力去享受。

10. 如果我預期某個計畫會有積極和正面的成果，我會謹慎地將時間及精力投注其中。

11. 我是一個團體的成員，讓自己的團體成功比獲得個人的認可更重要。

12. 我寧願看到一個方案推遲，也不願無計劃、無組織地隨便完成。

13. 我以能夠正確地表達自己的意思為榮，但是我必須確定別人是否能正確了解我。

14. 我的工作情緒是很高昂的，我有用不完的精力，很少感到精力枯竭。

15. 通常而言，常識和良好的判斷對我來說，比了不起的點子更有價值。

測試答案：

1. A 0 分；B 1 分；C 2 分；D 3 分；

2. A 3 分；B 2 分；C 1 分；D 0 分；

3. A 2 分；B 3 分；C 1 分；D 0 分；

4. A 1 分；B 3 分；C 2 分；D 0 分；

5. ～ 15. 均為：A 3 分；B 2 分；C 1 分；D 0 分；

評估：

0 ～ 15 分：成功的意義對你來說，是圓滿的家庭生活和精神生活，而不是權力和金錢的獲得，因為你能從工作之外得到成就感，因此，可能不適合去爬高位，這個建議可以幫助你專注在實現自我的目標上。

16 ～ 30 分：也許你根本就沒想到去爭取高位，至少目前是如此。你有這個能力，但是你還不準備做出必要的犧牲和妥協。這個傾向可以促使你尋找途徑來發展跟你目標一致的事業。

31 ～ 45 分：你有獲得權力和金錢的傾向，要爬上任何一個組織的高峰對你來說是比較容易的事情，而且你通常能辦得到。

小測試二：
測試你是否是個能抓住機會的人

1. 你是一個做事充滿信心的人嗎？是的 -2 不是 -3

2. 你現在的情緒低落嗎？是的 -3 不是 -4

3. 工作中容易和同事發生口角嗎？是的 -4 不是 -5

4. 你喜歡玩網路遊戲嗎？是的 -5 不是 -6

5. 你總是聽不進去別人的意見嗎？是的 -6 不是 -7

6. 生活上你是一個很隨意的人嗎？是的 -7 不是 -8

7. 你現在是否會期盼著過年？是的 -8 不是 -9

8. 你處理事情是否過於感情用事？是的 -9 不是 -10

9. 你會被其他人影響自己的情緒嗎？是的 -A 不是 -10

10. 你會把錢看得很重要嗎？是的 -C 不是 -B

測試答案：

A. 機率很小。你是一個很情緒化的人，而且生活上有些鬆散，雖然自己定了目標，但是對於自己的目標總是付出得太少，沒有盡到自己的最大力量，而且還非常容易受別人的影響，遇到一個沒有遠大志向的朋友就慘了，隨時都有可能被帶壞，還是好好地重新制定一下計劃，等待出發。

B. 機率很大。自己的機率還是很大的，只不過目標定得有點偏了，或者說自己的發展方向有點不對，所以一定要及時地

改正，要不然很有可能是白費一場。設定目標，機率就很大。

　　C.能非常理智地處理問題，不受情感因素影響，看似冷酷無情，可這正是成功的原因，因為你把自己的目標規劃得很好，一步一個腳印地來做，遇到困難能冷靜地思考，屬於有膽實又有智慧的人。

練習目標：
成功圖像練習

　　把你最先想到的 10 條能讓自己獲得巨大成功的想法寫下來，這些想法不一定和你的職業相關。我想下面提出的問題可能會對你有所幫助：

⇒ 觀眾齊聲喝采，發出雷鳴般的掌聲。你站在舞臺中央，看到臺下觀眾們一張張充滿崇拜敬仰的面孔，你得意非凡，興高采烈。究竟發生了什麼事？

⇒ 閉上眼睛，你看到自己被授予了諾貝爾獎，正從頒獎者手中接過獎盃。在榮譽面前，你發表了言辭謙遜、簡明扼要的演說。為什麼你會得獎？

⇒ 你最要好的朋友打來電話說：「哇！剛才我在報紙上看到你了，你出名了。」他（她）剛才在報紙上看到了關於你的什麼訊息？

⇒ 你開啟電視機，裡頭正在播放一個主持人與你的對話訪談節目，你希望主持人如何向大家介紹你？

⇒ 為了歡度新年，大家相聚在一起，喝完慶祝酒後，你回想起自己一生中過得最好的一年，那一年裡最讓你高興的事是什麼？

⇒ 你來到天堂，發現自己的名字，並且後面註明了你在活著的時候對人類所做的貢獻，你認為都會有哪些貢獻？

請把你的回答按照理想的重要順序從高到低進行排列：

1. _____

_____

2. _____

_____

3. _____

_____

4. _____

_____

5. _____

_____

6. _____

_____

7. _____

_____

8. _____

_____

9. _____

_____

10. _____

_____

第二章
正確給自己定位

　　一個錯誤的自我定位，是潛藏在你內心，影響你走向失敗的致命負面因素。正確給自己定位，使之與你的目標相一致，是迫切而必要的，因為它直接關係到你付出的效率，決定著你的成敗。

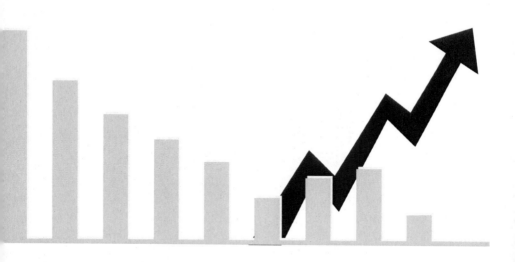

用準確的定位為自己鋪就成功的道路

茫茫人海，大千世界，不論尊卑貴賤，每個人都有一個位置。人貴在有自知之明，知道自己的準確定位，做事說話就能恰如其分，不失位，不越位，不狂妄，不踰矩，不落人笑柄。反之，人的吃虧、受窘、困惑，以及幸福感的缺失，往往都和自我定位失準有關。

《紅樓夢》裡的晴雯，「心比天高，身為下賤」，最後死於非命，就是因為定位不準。自己明明是個丫鬟，無非長得漂亮些，人聰明些，老太太喜歡，於是就有了「準寶二奶奶」的幻想，有意無意地以「準主子」的身分出現，打罵小丫鬟、排擠襲人、譏諷婆子，甚至對寶玉也出言不遜。因犯了眾怒，王夫人處理她時，除了寶玉去看了她一回，幾乎沒人同情她，落井下石者倒不少。

生活中，我們也會犯同樣的錯誤，常常給自己錯誤的定位。筆者就是其中之一。記得剛上班時，上司總是鼓勵我寫稿子，要我往各報紙投稿。我知道自己的能力，上學時作文從來沒被表揚過，根本寫不出能夠發表的稿子，半年過去了，我從未動過筆。一次偶然的機會，聽到某人對我的鄙視：「他還能寫出稿子？除非太陽從西邊出來。」我聽後很受刺激，於是我走進書店、學會用網路閱讀、結交文人，不斷地武裝自己。在一個陽光明媚的午後，我的第一篇處女作見報了，雖然版面不

小，但已經是莫大的鼓勵，我對自己有了新的認識。隨後，我的名字陸續出現在很多報紙上，那個鄙視我的人沉默了。

很多時候不是我們做不好，而是沒有努力去做，更沒有給自己準確定位。面對缺點和不足，要有積極改正的勇氣和恆心。如果自己把自己扼殺，就不要企盼拯救的神出現！認清自己，給自己準確的定位至關重要，因為無論你多麼意氣風發，無論你多麼足智多謀，無論你花費了多大的心血，如果沒有一個明確的方向，就會過得很茫然，漸漸就喪失了鬥志，忘卻了最初的夢想，就會走上彎路甚至不歸路，枉費了自己的聰明才智，誤了自己的青春年華。

荷馬史詩《奧德賽》（*Odyssey*）中有一句至理名言：「沒有比漫無目的的徘徊更令人無法忍受的了。」

在美國的一個小鎮上，一位作家拜訪了一位 84 歲的老學者。在學者那狹窄的廚房裡，作家向學者傾訴了內心的困惑。

學者：「你應該抓緊現在和未來的日子。」

作家：「是的，我在盡力。但是，我已經浪費了幾十年。」

學者搖搖頭：「達爾文（Charles Darwin）說他貪睡，把時間浪費了，卻寫了《物種起源》（*On the Origin of Species*）；奧本海默（Oppenheimer）說他鋤地拔草，把時間浪費了，後來成為『原子彈之父』；海明威（Ernest Hemingway）說他打獵、釣魚，把時間浪費了，終於獲得了諾貝爾獎；居禮夫人（Maria Curie）說她為小孩和家務事，浪費了時間，然而她不但發現

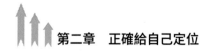

了鐳，而且還把小孩教養成了科學家。」

作家大喊：「這些人都是天才！我只是個平凡人，愚蠢的平凡人！」

「你有權評定你自己是愚蠢的平凡人。但我說，只要有確定的目標，在任何時間，做任何事，都不會妨礙思考和研究，甚至有助於思考和研究。他們自以為浪費了時間，實際上並沒有浪費。」

「但是，我年紀大了。」

「我 70 歲那年，準備完成一個需要 10 年才能完成的研究計畫。當時，我向一位 30 多歲的年輕朋友談到這個計畫，他笑了笑。我知道他為什麼笑。在他看來，70 歲的老人，時日已不多，還能做些什麼？10 年過去了，我的工作如期完成，仍然在實驗室裡忙著。」學者挺了挺胸，笑了。

「你那位年輕的朋友呢？」作家問。

「不再年輕，已經中年啦！」

「對他來說，這 10 年應該是黃金年齡，相信有很不錯的成績。」

「沒有，他也承認過去的 10 年是空白，真正的空白。」

「為什麼？」

「依舊熙熙攘攘、庸庸碌碌地生活。10 年，一眨眼就過去了。」

這一番話，如當頭一棒，作家呆了。

　　心中是否有確定的目標，是否能準確地定位自己，這就是偉大與平庸的天壤之別，是聰明與愚蠢的重要分水嶺。

　　羅曼‧羅蘭（Romain Rolland）說：「人類的使命在於自強不息地追求完美。當我們準確地定位了自己的人生目標，我們會將我們的潛質發揮到極致，我們就會有做事的動力；當我們失去了準確的定位時，我們就會困惑和迷惘，我們就會對一切事情都失去興趣。準確的定位，會讓我們更努力，會讓我們更堅持。」

目標名言

　　志不可一日墜，心不可一日放。

—— 清朝詩人　王豫

精心規劃未來，讓未來為你而來

具有明確目標的人，無論在任何時候都會受到他人的敬仰與關注，這是生活中的一個真理。如果一艘輪船在大海中失去了舵手，在海上打轉，它很快就會耗盡燃料，無論如何也到達不了岸邊。事實上，它所耗掉的燃料足以使它來往於海岸和大海好幾次。同樣，如果一個人在他年輕的時候沒有明確的目標，以及為實現這一目標而制定明確的計畫，不管他如何努力工作，都會像一艘失去方向的輪船。辛勤的工作和一顆善良之心並不完全能使一個人獲得成功，如果他並未在心中確定自己所希望的明確目標，他又怎能知道自己已經獲得了成功呢？如果我們將人生的成功比作一棟大廈的話，每棟高樓大廈聳立之前，就要有一個「明確的目標」，另加一張張藍圖作為其明確的建築計畫。試想一下，如果一個人蓋房子時，事先毫無計劃，想到什麼就蓋點什麼，那將會是什麼樣子。所以，在你計劃你的成功時，第一件需要做的事就是：明確規劃自己的未來。

心理學家認為：「一個人的一生，總有大大小小的期望。期望是一個人的精神支柱，如果一個人沒有了任何追求，他就很難愉快地生活下去。」筆者認為這話是很有道理的。仔細想一下，人的一生可以有各種不同的追求，小到完成一篇文章、存錢買一臺電腦，大到成立自己的公司，等等。

有學員問我，要規劃未來的話該如何建立目標呢？一般說

來，最好是建立短期目標、中期目標和長期目標。在人生的不同階段，要對形勢發展進行分析，確定下一步方案。將計劃公式的詳細步驟列出來，可幫助你有效地應付工作或環境變化可能帶來的不利影響。

比如，從未來的風險角度講，我們就可以為自己做出一個完美的規劃，下面的這個「人生風險規劃表」，就是一個不錯的例子，筆者建議學員按這種方式為未來的各個方面做出良好的規劃，結果取得了不錯的效果。

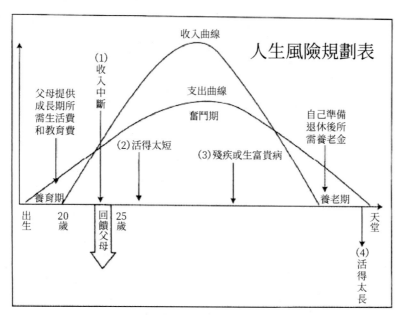

圖 2-1 人生風險規劃表

另外，與你的同事、朋友和家人共同探討、努力，也有助於你實現每一階段的目標規劃，或者改進計畫，使之更加切實可行。制定了未來的目標之後，不管目標是什麼，都必須有務必實現的決心，才能稱之為「目標」。

來看看前亞洲首富孫正義是如何規劃自己的未來的。

孫正義，1957 年生於日本，軟銀集團董事長兼總裁。《富比士》雜誌（Forbes）稱他為「日本最熱門企業家」，曾以300 億美元的資產成為亞洲首富。

1981 年在建立軟銀公司的時候，孫正義沒有資金也沒有經驗，同時也沒有生意上的關係，唯一有的只是熱情、激情，以及一個渴望成功的夢想。

這個「渴望成功的夢想」就是他在 19 歲時制定的「50 年計畫」，也就是他的未來藍圖：

在 20 多歲時，要向所投身的行業宣布自己的存在。

在 30 多歲時，要有足夠的種子資金做一個大的專案，而且這個種子資金的規模應該是 1 億美元以上。

在 40 歲時，至少要有 1,000 億日元的資產，選好一個非常重要的產業，然後全力以赴在這個產業裡做成第一名。

在 50 歲時，做出一番驚天動地的偉業。

在 60 歲時，獲得事業成功的里程碑。

在 70 歲時，把事業交給下一任接班人。

孫正義年少時就立下如此大志，他制定這個野心勃勃的

「50 年計畫」時還是一個學生。但是他認為，如果他許下一個宏大的願望，擁有一個偉大的夢想，並有著高昂的熱情和卓越的遠見的話，人生就會變得更加充實，更加精彩。

風不會把沒有目標的船吹向成功的彼岸，人生比建造房屋更需要藍圖。當孫正義的未來畫卷徐徐展開後，竟然幾乎是按照他的這個 50 年計畫所設計的軌道執行的，那些當初被嘲笑為「妄想」的夢想，正在一個一個成為現實。

在看到規劃未來的好處時，我們也應該意識到，規劃未來並不能保證將來擺在面前的一切困難和問題都能得到解決或變得容易，也沒有可以套用的現成公式。但是它有利於你及早發現和較好解決難題，比如你是否需要透過培訓來增加某方面的知識，是否考慮調換一下工作職位或職業等問題。

規劃未來還有助於提高你解決問題和調整心態的能力。當你想成就一項事業時，它會告訴你在每一步該做些什麼，怎麼做。雖然無法預見將來社會會發展到什麼程度，也不能預見我們每一個人的命運，但是，按照對未來的規劃有條不紊地循序漸進是最重要的。只要這樣，你才能達到在工作中不斷發展自己的目的。

美國著名整形外科醫生馬克斯韋爾‧莫爾斯博士（Maxwell Morse）在《人生的支柱》（*Welcome on Board*）中說：「任何人都是目標的追求者，一旦達到目的，第二天就必須為第二個目標動身起程了……人生就是要我們起跑、飛奔、

修正方向，如同開車奔馳在公路上，有時偶爾在岔道上稍稍休整，便又繼續不斷在大道上奔跑。旅途上的種種經歷才令人陶醉、亢奮激動、欣喜若狂，因為這是在你的控制之下，在你的領域之內大顯身手、全力以赴。」一個對未來沒有目標規劃的人，就會失去方向，就像輪船沒有了舵手，旅行時沒有了指南針，會令自己無所適從。而一個對未來的精心規劃，可令我們的努力得到雙倍、甚至數倍的回報。

目標名言

　　做出規劃。今天所做的事情是為了我們有更好的明天。未來屬於那些在今天做出艱難決策的人們。

—— 伊頓公司（Eaton Corporation）

樹立正確的價值觀

　　價值觀是人們關於什麼是價值、怎樣評判價值、如何創造價值等問題的根本觀點。思考價值問題並形成一定的價值觀，是人們使自己的認知和實踐活動達到自覺的重要象徵。作為一種社會意識，價值觀代表了人們對生活現實的總體認識、基本理念和理想追求。

　　中國有句俗語：「種瓜得瓜，種豆得豆」，說的是選擇的重要性。選擇了種瓜，得到的絕不會是豆子。其實，小至個人，大至國家、民族，不同的選擇，造就了不同的際遇與結果。那麼，是什麼促使人們做出不同的選擇，選擇的依據是什麼？其中一個重要的依據就是價值觀。一個人的人生價值觀越厚實，其人生基礎就越牢固，就越能夠立於不敗之地；一個人的人生價值觀越薄弱，其人生基礎就越不穩，就越經不起動盪的考驗。

　　伊爾‧布拉格出生在一個黑人水手家庭，從小就有一種與生俱來的自卑感。

　　一次，父親帶他參觀梵谷（Vincent van Gogh）故居。看到梵谷用的小木床和開口皮鞋，他困惑地問道：「梵谷不是一位百萬富翁嗎？」

父親回答說：「梵谷是位連妻子都沒娶上的窮人。」

時隔一年，布拉格跟父親去丹麥參觀安徒生（Hans Andersen）的故居，大感意外地問道：「爸爸，安徒生不是生活在皇宮裡嗎？」

父親耐心地告訴兒子：「安徒生是位鞋匠的兒子，他就生活在這棟閣樓裡。」

在成為美國第一位獲普立茲獎的黑人記者後，布拉格有感而發地說：「那時我們家很窮，父母都靠出賣苦力為生。有很長一段時間，我一直認為像我們這樣地位卑微的黑人是不可能有什麼出息的，好在父親讓我認識了梵谷和安徒生，這兩個人告訴我，上帝沒有這個意思。」

人生的價值並不是先天擁有的，而是經後天形成的，也可以說是在成長過程中逐步累積起來的。

在現實生活中，由於人們的立場和觀點不同，對人活著的意義的理解不同，存在各種不同的價值觀。如何在物慾橫流的社會轉型時期保持那一絲清明？這時，樹立高尚的、正確的價值觀就顯得尤為重要了。

一個人選擇了自己的人生方向，確定了自己的人生目標，就要不斷地充實自己的人生價值，然後就可以踏踏實實地去努力，穩穩當當地經營自己美好而又幸福的生活。

目標名言

頑強的毅力可以征服世界上任何一座高峰！

—— 英國作家查爾斯·狄更斯（Charles Dickens）

根據自己的優勢來設計目標

如何看待和對待社會，是一種思維方式的問題。在一個社會中生存和發展，抱怨是沒有任何意義的。沒有一個社會沒有問題，沒有一個歷史階段沒有問題。習慣於抱怨實際是自己給自己找安慰。習慣於把別人的成功歸於運氣，更是很多人的慣性思維。

在這個社會中，有很多人不理解什麼是自己的優勢。其實每個人天生就是一粒舉世無雙的鑽石，關鍵是放到哪裡。放到皇冠上，就是無價之寶；用於砌牆，就是一粒沙子。這個道理，如果能想明白，那眼前就是一個燦爛的世界。

很多人認為，創業需要資金，需要關係，需要各種條件。不錯，條件是不可缺少的，但看你如何理解條件，舉一個例子來說明。

一個沒有任何家庭背景的青年，剛剛走出校門，大概算是兩手空空，沒有任何資本了。但實際上，他擁有很多人不具備的優勢：「兩手空空」，因為他沒有什麼可以輸的，這就是最大的資本。一個沒有什麼可輸的，就只剩下贏了。剩下的就是需要一個正確的思維和實踐了。

他的第二個資本，就是有幾百萬像他一樣的青年，有著和他同樣的處境，有著同樣的思想，而這恰恰是別人很難理解的「市場需求」。什麼是他們的市場需求？就是一個全新就業的前景。

中國新東方學校創始人俞敏洪曾經申請出國無數次被拒簽。看到了與自己同樣處境的學子們，看到了市場需求，從而開始了從 6 個學生起步的英語培訓。他自己的坎坷人生經歷，就是最好的「市場廣告」，一句「在絕望中掙扎，人生終將輝煌」鼓舞了不知多少與他同樣的青年，用自己的努力，最終改變了人生。

其實，在當時的各個大學裡，都有英文培訓班，但沒有一個地方像他一樣，把英語學習與人生命運連繫起來的。只有他那樣的人生經歷，才喊得出那句打動千萬年輕人的話。也只有他那樣經歷的人，才能把那種精神帶進英語培訓的課堂。

那麼我們該如何找到自己的優勢呢？也許可以採用以下方法：

第一，相信自己可以做到，優秀的人才有可能成為優秀者。一個人能不能在某一方面做到出類拔萃，第一重要的就是自信。自信是一種很奇怪的情緒，它具有無法抗拒的吸引力。如果你參加過無領導小組面試，你一定會有這樣的體會。當幾個素不相識的人圍坐一起的時候，總會有那麼一個人成為領導者。這個領導者也沒有比其他人多什麼，甚至說話都不見得多，但是他卻操控局勢的發展，一場辯論按照他的預期在進行，為什麼？

他只不過是簡簡單單幾句話而已，就有了這樣的氣場，吸引了別人的注意力，他比其他人強在哪裡？是自信，是他自己

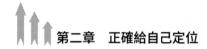

相信會成為一個領導者，讓他具有了這樣的吸引力，像磁場一樣吸引著周圍的人，讓其他人自覺地聽從他的安排。

第二，正確地認識自己，找到自己真正的優勢。什麼是你的優勢？我相信有很多人面對這個問題的時候一籌莫展，不知從何說起。我舉個例子，有位年輕的朋友，一聽到什麼是他的優勢，立刻頭就大了，想了半天才說：「我喜歡旅遊，這算嗎？」我想問大家，你們說算嗎？肯定有一大批人說不算。但我要說的是：「算！」而且非常算。我為什麼這麼說？你喜歡旅遊沒關係，而且你認為可以作為你的優勢，那你完全可以去做旅遊體驗師啊，對不對？這不正好利用了你的優勢嗎？這位朋友聽了以後非常高興，立刻充滿精神準備去做旅遊體驗師了。我卻告訴他：「先不要急，請你把你去過的你覺得最有趣的地方給我描述一下？」他聽完這句話，突然支吾起來，一時間說不出來。我說：「旅遊體驗師需要的是把旅遊中那種美好的感覺傳達給潛在消費者，讓別人聽了你的話或者看了你的作品恨不得立刻就去，要把美好像病毒一樣傳染給別人才行。」他聽了以後，感慨道：「我喜歡旅遊只是喜歡完全放鬆的那種感覺，從來沒有想過把這種感覺傳達給別人，而且表達能力並不是我的強項，我覺得我的優勢並不適合旅遊體驗師。」

到這裡，我想很多人已經明白了我要說的話：你喜歡去做的事情，有時候並不是你的優勢所在。

興趣 ≠ 優勢

　　第三，真正的優勢是你所具有的異於別人的某種特質。這句話有點繞口，說白了就是你身上的那一種特質是別人沒有或者比你差的。有時候這種特質是自己不容易發現，旁觀者反而容易發現的，這也是為什麼很多畢業生會去找職業規劃師諮商的原因。

　　找到優勢，是我們自我定位的第一步，只有知道自己有什麼，我們才能知道我們適合做什麼！

放棄那些大而空的目標

　　每一個人都有自己的夢想，這是支持我們繼續奮鬥的力量，可是，許多人往往分不清楚一點 —— 夢想究竟是什麼。有人常常把夢想和幻想弄混淆，以至於他們一直在堅持著的不是自己想要的夢想，而是一種不切實際的幻想。

　　想要成功首先就要知道自己的努力方向，所以我們必須從現實入手，給自己制定一個實際可行的奮鬥計畫，然後根據我們制定好的計畫，再去向著最終的目標努力。但在這個過程之中始終不能夠忽略掉一點，那就是現實。現實是我們實現夢想的基礎，偏離了現實，所有的夢想就會變成空中樓閣一般的幻想了。再高遠的目標，也不能夠掩飾現實的實際需要。所以，明白自己目前所處的現狀和夢想之間的差距十分重要。

　　有理想是好事情，這代表著一個人有志向，但若是理想的內容脫離了現實，就必定會失敗。因為理想不等於幻想，也不等同於空想。只有從現實出發，放棄不切實際的幻想，尊重客觀事實，才有可能實現偉大抱負，就像是想要摘到長在高處的果實就必須先在地上架好梯子一樣，梯子再高，也永遠脫離不了大地作為依靠，否則，我們就會面臨被摔在地上的危險。

　　在提到微軟公司的發展之時，比爾蓋茲（Bill Gates）說：「做生意要量力而行，我們不能做公司能力範圍以外的生意。」翻開比爾蓋茲的履歷很容易發現，他一直在低調地做著和電腦

軟體相關的事情，始終腳踏實地，一步一個腳印地走著。

有個同學舉手問老師：「老師，我的目標是想在一年內賺100萬！請問我應該如何計劃我的目標呢？」

老師便問他：「你相不相信你能達成？」他說：「我相信！」老師又問：「那你知不知道要透過哪個產業來達成？」他說：「我現在從事保險產業。」老師接著又問他：「你認為保險業能不能幫你達成這個目標？」他說：「只要我努力，就一定能達成。」

「我們來看看，你要為自己的目標做出多大的努力，根據保險產業的抽成比例，100萬的佣金大概要做300萬的業績。一年：300萬業績。一個月：25萬業績。每一天：8,300元業績。那每一天大概要拜訪多少客戶？」

「大概要50個人。」老師接著說：「一天要50人，一個月要1,500人，一年呢？就需要拜訪18,000個客戶。」

老師又問他：「請問你現在有沒有18,000個客戶？」他說沒有。「如果沒有的話，就要靠陌生拜訪。你平均一個人要談上多長時間呢？」他說：「至少20分鐘。」老師說：「每個人要談20分鐘，一天要談50個人，也就是說你每天要花16個多小時在與客戶交談上，還不算路途時間。請問你能不能做到？」他說：「不能。老師，我懂了。」

人生不能沒有理想，沒有理想的人將一事無成。正如哲學家富勒（Fuller）所說：「偉大的抱負造就偉大的人物。」但

是，不論再大的抱負，首要解決的還是眼前的實際問題。如果連踏踏實實地做好自己本職工作這件事情都做不到的話，那還有什麼資本去談更偉大的理想呢？此時的理想就等於不切實際的幻想和空想了。

其實，幻想更像是一種希冀，一種對未來所寄予的美好希望。正是因為這樣的念頭是不切實際的，早已經脫離了現實基礎，所以即便我們向著這樣的目標努力，也都是在白費力氣。在制定自己的目標之前，先看清楚自己的實力所在，弄明白自己究竟想要什麼和自己到底能夠得到什麼。只有把幻想轉變為現實，這一切才變得有意義。

目標名言

　　一個有堅強心志的人，財產可以被人掠奪，勇氣卻不會被人剝奪。

—— 法國浪漫主義作家雨果

沒有最完美的目標，只有更完美的目標

有些努力，注定是徒勞的，比如有始無終的空想、方向錯誤的夢想、選錯時機的狂想。同樣，有一些目標注定是不完美的，需要我們不斷地確認和修正。

一個博士在田間漫步，看見一位老農在插秧，秧苗插得非常整齊。博士覺得老農很不簡單，上前問道：「老先生，您怎麼插得這麼齊？」老農遞過一把秧苗說：「你插插試試。」博士接過秧苗，脫鞋挽褲下田插秧。他插了一會，發現自己插得亂七八糟，於是他問老農：「為什麼我插不直呢？」

老農說：「你應該盯住前面的一個目標去插。」「對呀，我怎麼沒想到呢？」博士就在前方尋找目標，看到了一頭水牛，心裡想，水牛目標大，就盯著牠吧！他又插了一會，發現自己插得有進步但還是不直，歪歪扭扭，他再問老農：「為什麼我還插不直呢？」

老農笑著說：「水牛總在動，你盯著牠當然插得歪七扭八了，你應該盯住一個確定的目標。」博士猛然醒悟，盯著前方的一棵樹去插，果然秧苗插得很直了。

目標一旦確立，就不要輕易改變。如果必須要修正目標的話，那麼請遵循以下三個步驟：

第一步：修正實現目標的計畫、方案、方法，而不是修正目標。英國有句諺語說得好：目標刻在石頭上，計畫寫在沙灘

上。也就是說，目標絕不能輕易更改，但實現目標的計畫可以根據情況隨時調整。人生沒有不可能，只是我們暫時還沒有找到方法。所以，我們無須更改自己的目標，只要找到新的實現目標的方法和計畫就好了。千萬不要讓更改目標成為一種習慣，這種習慣一旦養成，也就意味著我們所設定的目標都化為了泡影。

第二步：退而求其次，修正達成目標的時間期限。如果修正計畫和方法還是無法達成目標，那麼，我們只能修正達成目標的時間期限，也就是適當地延長成功的期限。所謂不達目的誓不罷休，堅持到底，永不放棄，終有一日我們會成功。之所以修正計畫還無法達成目標，是因為當初制定的計畫考慮得還不夠周密，我們還沒有找到實現目標最有效的方法。所以，在修改時間期限之前，我們首先要做的仍是修正計畫，尋找方法。

第三步：修正目標的量。當我們走到這一步時，已經是在壓縮當初的夢想了。所以，我們在做這一決定時，請務必「三思而行」，並千萬告誡自己，不要輕易壓縮夢想以適應殘酷的現實，而應不惜一切努力，尋找新的方法，改變現實，達成目標。許多人年少時的夢想是將來當科學家、企業家、畫家、音樂家，可是隨著年齡的增加，他們開始不斷地壓縮自己的夢想。等到真的長大了，他們的夢想已經被壓縮成「我只要做一個普通人就好了」。人就是這樣透過壓縮夢想，讓自己從「胸懷大志」，變成「胸無大志」的。

小測試一：
工作態度測試

假如今日是你第一天上班，請你想想，下面哪一樣你一定要隨身攜帶？從第一日上班必定要帶的物品，可以看到你的事業心和工作態度。

A. 筆記型電腦／電子祕書

B. 紙巾／毛巾

C. 化妝品

D. 工作證／身分證

測試答案：

A. 你這個人沒有野心，屬於默默耕耘不問升遷只求加薪的類型。你的工作態度非常好，只要肯鑽研的話一定會得到上司的賞識。

B. 你好出風頭，就算集體努力的成果你都會爭功。提醒你，千萬不要「為達目的不擇手段」，要在事業上有所成就，良好的人緣是必需的。

C. 你的事業心非常強，目標未達到你不會輕言放棄。因為你的自尊心強，而且對自己要求高，所以造成沉重的心理壓力。空閒的時候，多去旅行玩玩，輕鬆一下。

D. 你的優點就是愛鑽研，而且懂得人情世故，處事圓滑的你經常扮演和事佬角色，幫著調解公司內大大小小的爭執。

小測試二：
執行力測試

　　相信你是一個希望對自己有多方面了解的人，以下測試能幫你提高對自己的了解，共 18 題，請你在 5 分鐘內完成，答案只需回答「√」或「×」即可。每回答「√」的題得 1 分，第 14 題、15 題回答「√」扣 2 分，回答「×」得 1 分。

1. 今天天氣似乎要變壞，但出門帶雨具又麻煩，你能很輕鬆地做出決定嗎？（　）

2. 做一項重要工作之前，你會為自己制定工作計畫嗎？（　）

3. 你是否充分信任自己的合作者呢？（　）

4. 對自己許下的諾言，你能否一貫遵守？（　）

5. 你能在工作職位上輕而易舉地適應與過去的工作習慣迥然不同的新規定、新方法嗎？（　）

6. 你能直率地說出自己拒絕某事的真實動機，而不虛構一些理由來掩飾嗎？（　）

7. 辛苦工作之時，你是否會對自己計分評估？（　）

8. 你認為自己勤奮而不疏懶嗎？（　）

9. 為了公司整體的利益，你勇於得罪他人嗎？（　）

10. 做一項重要工作之前，你是否盡可能多地獲取建議呢？（　）

11. 你是否善於傾聽？（　）

12. 如果你了解到在某件事上司與你的觀點截然相反，你還能直抒己見嗎？（　）

13. 進入一個新的部門後，你能很快適應這一新的團體嗎？（　）

14. 老闆要你星期五下班後提交一方案，到了規定時間，你發現自己的方案有不完善的地方，而且週末老闆外出度假，你認為要等到下星期一再上交嗎？（　）

15. 你善於為自己尋找合適的藉口，來掩飾工作中的小錯誤嗎？（　）

16. 對於一項執行困難的工作，你是否能全力以赴地執行命令呢？（　）

17. 對於工作中不明白的地方，你會向老闆提出疑問嗎？（　）

18. 你有能夠順利完成工作的自信嗎？（　）

測試答案：

10 分以下：你做事拖拖拉拉。諸如一件工作，如果有人替你去做，你簡直對他感激不盡，你使人覺得難以信賴，與你共事會很疲憊。也許對你來說，不做事才最逍遙，但在你拒絕做事或不負責任的時候，你也失去了一次成功的機會。

11 ～ 16 分：你的執行力一般。工作中，你效率不高，但你也不會拖公司的後腿。也許你正為自己有在職場上游刃有餘

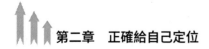

的能力而沾沾自喜，這就是你最大的缺點，千萬別以為「得過且過」就會一帆風順，要想有良好的工作業績、獲得升遷的機會，你就要發揮自己的一切能力，埋頭苦幹。

17 ～ 18 分：你的執行力較好。你有較開闊的眼界與合理的知識結構，再加上你的果斷與敬業，可以肯定的是，你是上司、同事們信賴的對象。

如果輔以正確的執行方法，你肯定會有高的工作效率，能夠取得較好的工作業績。

練習目標：
米爾頓・羅克奇（Milton Rokeach）十三條生涯價值觀的練習

1. 成就感：提升社會地位得到社會認同；希望能受到他人認可，對工作的完成和挑戰成功感到滿足。

2. 美感的追求：能有機會多方面地欣賞周遭的人、事、物或任何自己覺得重要且有意義的事物。

3. 挑戰：能有機會運用聰明才智來解決困難。捨棄傳統的方法，而選擇創新的方法處理事物。

4. 健康，包括身體和心理：工作能夠免於焦慮、緊張和恐懼；希望能夠心平氣和地處理事務。

5. 收入和財富：工作能夠明顯、有效地改變自己的財務狀況；希望能夠得到金錢所能買到的東西。

6. 獨立性：在工作中能有彈性，可以充分掌握自己的時間與行動，自由度高。

7. 愛、家庭、人際關係：關心他人與別人分享，協助別人解決問題；體貼、關愛，對周遭的人慷慨。

8. 道德感：與組織的目標、價值觀、宗教觀和工作使命能夠不相衝突，緊密結合。

9. 歡樂：享受生命，結交新朋友，與別人共處，一起享受美好時光。

10. 權力：能夠影響或控制他人，也使他人照自己的意思去行動。

11. 安全感：能夠滿足基本的需求，有安全感，遠離突如其來的變動。

12. 自我成長：能夠追求知性上的刺激，尋求更圓融的人生，在智慧、知識與人生的體會上有所提升。

13. 協助他人：體會到自己的付出對團體是有幫助的，別人因為你的行為而受惠更多。

　　你一定想知道你自己的價值體系是什麼，排列你認為最重要的價值觀，排在最上頭的那些價值才能夠把你帶到幸福的人生中。

　　步驟1：針對以上13種價值觀，可以分別問自己以下問題：

1. 我重視的價值觀是什麼？（標示出五個價值觀）

2. 我所標示的這五個價值觀是我一直都重視的嗎？如果曾經有改變，是在什麼時候？

3. 有哪些價值觀是我父母認為重要的，而我卻不同意？有哪些價值觀是我和父母共同擁有的呢？

4. 價值觀的改變是否曾經改變我安排生活的方式？

5. 我理想的工作與我的價值觀之間是否有任何關連？

6. 我是否因為誰說的一句話或做的某件事情，而對自己的價值觀感到懷疑？

7. 以前我曾崇拜過哪些人？他們目前對我有什麼影響？

8. 我的行為可以反映我的價值觀嗎？例如重視工作的變化、成長與突破的你，會選擇單調枯燥、一成不變的工作嗎？你會在爸媽的期許下，選擇會計系嗎？

這些問題的回答並不容易，也不是短時間內就能有完整答案的。

因為價值觀的顯現有時候像是調皮、好動的小孩，不好掌握，動向不明；有時又像是個文靜高雅的淑女，沒有明顯的動作，但卻是人們注意的焦點。

步驟 2：排列順序，撰寫人生使命宣言（見第三章的練習目標）

人生使命宣言是行為處事的根本大法，好比一國的憲法。不管世事如何多變，環境多麼艱苦，它依然不為所動。一個人的應變能力取決於他對自我、目標以及價值觀的不變信念。確立人生使命之後，我們就不必藉助成見或偏見來面對變局，以保持安全感。

第三章
明確的目標離不開堅定的信念

　　人，要設立自己的目標，而且這個目標是明確的，並把它當作自己的信念。這樣，活著才有意思；做事情，也才能成功。

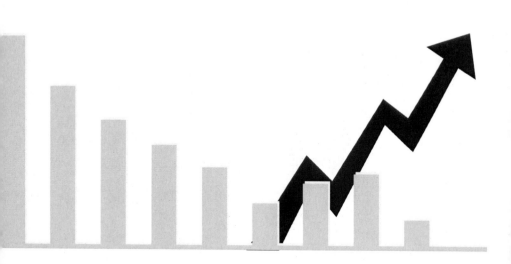

信念，讓你的目標變為鑽石

　　人為什麼而活？又是什麼在支撐著人們努力奮發？其實，這不過就是兩個字 —— 信念。

　　信念的力量是偉大的，它支持著人們生活，催促著人們奮鬥，推動著人們進步，正是它，創造了世界上一個又一個的奇蹟。

　　記得《苦兒流浪記》（*Remi Nobody's Boy*）有一段情節：主角與幾名礦工在工作時遇險了，大家被困在一個狹小的空間裡，腳下是無盡的水流，他們所剩的，不過就是幾盞燈。在這極度惡劣的情況下，他們看起來不是淹死就是窒息而死，再不然就是餓死，總而言之似乎是必死無疑。搜救雖然在努力進行著，但是人們都沒多大把握成功。而礦井下的情況確實不容樂觀，因為好些人都抱著必死的心。他們中有一個人帶了錶，最後有人提議熄了燈，每隔一段時間讓那名礦工報一次時間，大家都休息，節省體力。時間在一分一秒地過去，人們的心也慢慢地被揪緊，但等到搜救隊到達時，他們竟然奇蹟般地存活下來，只有一個人死了，就是那個報時間的礦工。

　　原來，開始他的確是準時報時間的，但是，當他發現了同伴們的異常後，他便開始了「虛報」，半小時他說 15 分鐘，一小時他說半小時，兩個小時他說一個小時……結果其他人都在信念的支持下活了下來，而那個善良的礦工卻被自己的心魔給逼死了。

　　耶魯大學心理學及政治學教授羅伯・阿拜生說：「信念乃

是一種動力，而強烈的信念是更有價值的動力，讓一個人持久不懈地努力，以完成與大眾或個人有關的目標、計畫、心願或理想。」若想在人生中有一番事業，最有效的辦法就是把信念提升到強烈的地步。因為只有達到這種程度，才會促使我們拿出行動，掃除一切橫在面前的障礙。

有那麼一個人，在 1950 年代韓戰中的一場慘烈的阻擊戰裡，20 多歲的他永遠地失去了雙手，下肢從小腿以下也都被截去，他變成了一個「人彘」，住進了榮軍院。

看到自己成了處處需要人照顧的「廢人」，他心情極為沮喪，絕望的他幾次企圖自殺都沒成功 —— 那時，他連自殺的能力都沒了。

後來，在別人的講述中、在戲劇作品中，他認識了奧斯特洛夫斯基（Nikolai Ostrovsky）、海倫凱勒（Helen Keller）、吳運鐸等一些中外鋼鐵戰士，他們在殘酷的命運面前的永不屈服的堅韌品性，深深地震撼了一度迷茫的他——原來，生命的硬度遠在鋼鐵之上。

於是，他開始近乎自虐地學習生活自理，在常人難以想像的跌跌撞撞中，他終於學會了照顧自己生活起居的本領，並毅然地告別了他完全有理由享受安逸的榮軍院，回到了當時還很貧窮的中國沂蒙山老家。

不滿足於只能做到生活自理的他，又拖著殘軀，無數次在山上溝下摔跌，帶領著鄉親們開山修路、架橋引水、種樹、建

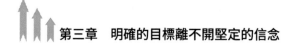

果園……直到貧困的山村真正地富裕起來，他這個無手的里長一當就是 30 多年，令鄉親們敬佩不已。

從里長的位置上退下來後，不甘寂寞的他，為給後代留一份精神遺產，又開始艱難地寫書——他用嘴咬著筆寫字，用殘臂夾著筆寫字，用嘴、臉和殘臂配合笨拙地翻字典。寫上幾十個字，都要累得他渾身是汗。

要知道，從未上過學的他，僅僅在榮軍院的學字班裡學會了幾百個字，雖說他後來一直在堅持讀書看報，但文學素養幾近於零。很多人都不相信他以那樣的文化功底、那樣的身體條件，還能夠寫作，許多知情者勸他別自討苦吃了，可他寫作的信念毫不動搖，他硬是花了 3 年多時間，七易其稿，寫出了令著名軍旅作家李存葆都驚嘆的撼人心魄的 30 多萬字小說——《極限人生》。

他就是中國當代的保爾‧柯察金（Pavel Korchagin）——特殘軍人朱彥夫。

沒有雙手、雙腿殘疾、視力僅有 0.25 的朱彥夫，硬是憑著自立、自強的渴望，憑著挑戰命運的堅韌與執著，打破了生活中的一個個「不可能」，以無手之臂書寫了傳奇人生，留下了熠熠閃光的生命篇章。就像他那部小說的名字一樣，他打破了人生的許多極限，創造了耀眼的生命輝煌。

由上述的例子可見，不是環境也不是遭遇能夠決定一個人的一生，而是得看他給這一切賦予了什麼樣的意義，也就是說

他的自信程度。其實，信念的力量就是種子的力量。種子只要在環境許可的情況下，總會生根發芽，最終會破土而出的。自信的人勇於面對自己的人生，坦然面對挑戰，這樣的人會以不屈不撓的鬥志、忍辱負重的方式，腳踏實地地突破重重障礙，去改變自己的命運。

曾有一支探險隊進入某個災區，那裡是茫茫的沙漠，而且荒無人煙，在這種情形下大家的水都已經喝光了……看著這沙漠，大家的神情都表現得無比難看，他們也感到希望的渺茫……就在這時，隊長拿出一支瓶子說：「這裡有一壺水，但穿過沙漠之前，誰也不能喝。」

霎時，大家彷彿看到了救世主出現了。一壺水成了穿越沙漠的信念之源，成了求生的寄託目標。水壺在隊員手中傳遞，那沉甸甸的感覺使隊員們瀕臨絕望的臉上又露出了堅定的信念。走出了沙漠，從死神手中逃脫，大家喜極而泣，用顫抖的手轉開那瓶子，流出來的卻是沙子！

然而，在炎炎烈日下、茫茫沙漠裡，真正救了他們的又哪只是一瓶沙子呢？那更是因為他們執著的信念，已經如同一粒種子在他們心底生根發芽了，最終又領著他們走出了「絕境」。

可見，人生從來就沒有真正的絕境。無論遭受多少艱辛，無論經歷多少苦難，只要一個人的心中還懷著一粒信念的種子，那麼總有一天，他會走出困境，讓生命之花重開的！

人生就是這樣，只要種子還在，希望就在！

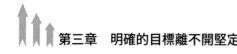

目標名言

　　夫志當存高遠，慕先賢，絕情慾，棄凝滯，使庶幾之志，揭然有所存，惻然有所感；忍屈伸，去細碎，廣諮問，除嫌吝，雖有淹留，何損於美趣，何患於不濟。若志不強毅，意不慷慨，徒碌碌滯於俗，默默束於情，永竄伏於凡庸，不免於下流矣。

—— 蜀漢丞相、政治家、軍事家諸葛亮

信念是目標的第一原動力

阿基米德（Archimedes）說：「給我一個支點，我就能舉起地球。」在當今的職場上也是如此，面對殘酷的競爭和繁重的工作，只有自信心和必勝的信念才是一個人戰勝一切的精神支柱，有了它們，才能攻克各個堡壘，最後實現目標。

一個美國女孩一雙眼睛意外受了重傷，她只能從左眼角的小縫隙看到東西。小時候，她喜歡和附近的孩子玩跳房子，但卻看不見記號，只好把自己遊玩的每一個角落都記清。這樣，即使賽跑她也沒有輸過。正是憑著這股韌勁，後來她獲得了明尼蘇達大學的文學學士及哥倫比亞大學的文學碩士兩個學位。

她曾在明尼蘇達州的一個鄉村教過書，後來又成為奧加斯達・卡雷基的新聞學和文學教授。這 13 年間，她除了教書，也在婦女俱樂部演講，並客串電臺談話節目。她的自傳體小說《我想看》轟動一時，成為暢銷的名著。她就是過了 50 年如同盲人的日子的波基爾多・連爾教授。

「在我心裡不斷地潛伏著是否會變成全盲的恐懼，但我以一種樂於面對的高度去面對我的人生。」連爾這樣說道。終於，在她 52 歲時，經過現代醫術的診療，她獲得了 40 倍於以前的視力，她面前展開了一個更為燦爛的世界。

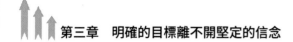

　　有人認為成功依賴於某種天分、某種優越的條件，但是從波基爾多‧連爾身上，我們看見的卻是成功來自於某種缺陷及樂觀力量帶來的震撼。

　　同樣的困境，同樣的際遇與磨難，有些人可能會很快垮掉，有些人卻能站起來。其實，面對同一種境遇，誰也不比誰占一定的優勢，重點是他的心境是否早早俯首於來自苦難的壓力。這時，信念的高度就決定了他人生的高度，成功者之所以成功，是因為他們總是以正面的信念支配和控制自己的人生，戰勝自己的缺陷，而失敗者卻恰恰相反。

　　那麼，你應該如何樹立自信心和必勝的信念呢？

1. 正確的自我認知

　　缺乏自信的人的認知特點是過於低估自己，只看到他人的優點，看不見自己的長處；看到完成工作的困難，而忽視有利條件；成功是因為機遇好，一旦失敗則是自己無能、蠢笨造成的；自己的優點和長處是無足輕重的、暫時的，其他人也很快就會具備的，而別人的優點和長處卻是實在的、重要的、自己很難達到的。事實上，每個人都有缺點和不足，只看到別人的優點而以此貶低自己是片面的、不妥的。反過來，每個人都有自己的長處和優點，任何人都能在社會中找到適合自己的位置，正所謂「天生我才必有用」。

2. 建立合理的期望值

心理學告訴我們，人的期望值有時與失望值是成正比的，期望值越大，失望值也就越大。因此，建立合理的期望值對於樹立自信心和必勝的信念有著相當重要的作用。

3. 提高認知水準

一件事情的成功與失敗，不能簡單地歸因於某一個條件，它跟主觀努力、個人能力、機遇、任務難易等多種因素相關。因此對於每次具體的成功與失敗，都要既看到自身主觀條件，也要看到客觀外部環境，從而做出恰如其分的評價和相應調整。

認定目標，還要堅定信念

　　每一個常人都可能會有自己畏懼的東西，但勇敢的挑戰者就沒有畏懼的東西。

　　富蘭克林（Benjamin Franklin）為了證明雷電，在幾天前剛有人因引電而死的情況下，不顧家人的反對，將風箏在一個雷雨之夜放上了天空。他冒著生命危險，證明了雷電是一種普通的天氣現象。麥哲倫（Ferdinand Magellan）為了證明地球是球體，克服航海中的重重困難，堅持去做了環球旅行。而他自己，因為參與土著人內戰而死在了航海途中。

　　是什麼使他們有了如此大的勇氣冒著生命危險去做那些事情？

　　是對真理的執著。達爾文寧可被教會燒死也要堅持人是由猿人進化而來的；伽利略（Galileo Galilei）不惜觸犯教宗，在比薩斜塔上扔下鉛球，證明了物體下落時間與重量成正比。正是有了這些肯為真理獻身的人們，才有了我們今天這麼發達的科技，這麼文明的社會。是對真理的執著，使得人們一次又一次地推翻先前權威們的錯誤觀點，使人類進步。

　　是對理想的嚮往。一位美國的年輕人，只是為了童年的一個夢，刻苦學習了有關知識，最終成功穿越撒哈拉大沙漠。也是對夢的嚮往，使萊特兄弟（Wright brothers）從小便開始研究如何才能讓人類在天空中自由飛翔。是夢想，使人類不斷進

步；是夢想，使人類能夠在天空飛翔，在宇宙中遨遊。

當然，光有精神是不夠的，你還需要有足夠的相關知識，提前做足功課。這樣，你才能在保證自己安全的前提下，去完成你的夢想。比如說你要去穿越一片森林，你就不能只有堅持走出去的信念，你還要了解這片森林，知道森林裡會有什麼突發情況，以及應對它們的方法。這樣，你才可能真正的無畏，放開膽子去做。

讓我們堅持目標，堅守信念，堅持不懈地朝目標奮進，努力不放棄。

這個過程中會有困難、阻礙，但一定會有收穫！一切希望都蘊藏於樂觀向上、矢志不移的奮鬥之中！這樣的人生儘管會有坎坷，但必定充滿挑戰與精彩，也必定會贏得他人的尊重！

愛因斯坦（Albert Einstein）從大學畢業後，在一年多的時間裡都沒有找到一份哪怕是僅供餬口的工作。想想自己已經成年，而年邁的父親卻還在為他的生計而奔波勞累，愛因斯坦幾乎絕望了！

有一次，愛因斯坦無意中在一本雜誌上看到一則介紹德國偉大化學家奧斯特瓦爾德（Wilhelm Ostwald）的文章，文章中把奧斯特瓦爾德稱為「科學伯樂」，因為他曾發現並培養了許多科學人才。愛因斯坦想到了向奧斯特瓦爾德自薦，於是他寫了一封信給奧斯特瓦爾德，希望能在奧斯特瓦爾德身邊謀得一份工作。但信寄出去後，過了好久都沒有收到回音。愛因斯坦

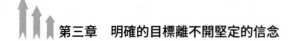

懷疑信件會不會在途中被郵局弄丟了，所以，他在幾天後給奧斯特瓦爾德寄了第二封自薦信，但與上封信一樣，同樣是石沉大海，杳無音訊！

「這究竟是怎麼了？難道是地址有誤嗎？」愛因斯坦困惑極了，他再次詳細地對照了奧斯特瓦爾德的實驗室地址，發現自己並沒有寫錯，「就算是地址有誤，郵局也會把信件退回來，這究竟是怎麼了？」

愛因斯坦心想，可能是奧斯特瓦爾德忙於工作，一時沒空拆信而擱在哪個角落裡忘記了吧！於是愛因斯坦給奧斯特瓦爾德寫了第三封信，這次他用了一張明信片，他心想，這樣奧斯特瓦爾德總應該可以順利看見這封信的內容了吧！

讓愛因斯坦意想不到的是，這封明信片寄出去一個月後，依舊沒有收到奧斯特瓦爾德的回信。

愛因斯坦的父親看見這情形，心疼地對他說：「我看還是算了吧，不要再做這種無謂的努力了，可能奧斯特瓦爾德並不認為你是一個值得培養的人才！」

「不，父親！我的努力不一定會給我帶來滿意的結果，但如果不努力，卻代表著絕對不會擁有滿意的結果！」愛因斯坦說。

就這樣過了大半年，愛因斯坦收到了一封來自瑞士伯恩專利局的來信，邀請愛因斯坦就職於一個專門審查各種新發明的技術職位，並且希望愛因斯坦能接受。

原來，在愛因斯坦寄出第一封信的前幾天，奧斯特瓦爾德已經搬離了實驗室，愛因斯坦寄去的所有信件，都被塞進了實驗室外那個已成擺設的信箱裡！奧斯特瓦爾德在這個實驗室工作的時候，有一位年輕的助手，他在奧斯特瓦爾德搬離實驗室之後就去了瑞士伯恩專利局工作。有一次，那位年輕助手在途經昔日工作過的實驗室門口時，無意地在那座空房子門口來回走了走，因此，愛因斯坦的所有信件才得以被發現。更加讓人無法置信的是，奧斯特瓦爾德的那位年輕助手，就是愛因斯坦的大學同學和朋友 —— 格羅斯曼（Marcel Grossmann）！

對於愛因斯坦的才華，格羅斯曼是絕對了解的。憑著這些信件，他向自己所在的專利局推薦了愛因斯坦，恰好當時專利局設立了一個專門審查各種新發明的技術職位，於是專利局迅速向愛因斯坦發來了邀請函。就這樣，愛因斯坦終於憑著四封自薦信，成功擺脫了待業，邁上了成功的起點。

有了信念，人們的精神就有了寄託，行動也就有了意義，這樣的生命體自會燃燒出勇氣和希望。信念不一定要又高又大，信念往往是一個簡單直接的目標，只需做到始終如一，它便成了力量的最高形式，無往不勝，愈挫愈勇。

讓我們無畏，因為我們深知無畏的含義。在挑戰面前我們選擇接受挑戰，並無畏地迎接挑戰，這是一種心態、一種精神、一種力量。

目標名言

　　吾志所向，一往無前。愈挫愈奮，再接再厲。

—— 革命家、政治家孫中山

因目標而狂熱

　　一個人活著，如果沒有目標，人生就沒有了方向，如同一個無頭的蒼蠅，只能到處亂撞。你不知道自己該做什麼，又該怎麼去做，你生活在茫然之中，如此，你就掌握不住自己，也就只好聽天由命，任由命運擺布了。

　　法國著名作家貝爾納諾斯（Georges Bernanos）說：「你想要什麼？要什麼樣的？你知道它在哪裡嗎？請在一分鐘內說出來。」

　　如果你說不出來，如果你還沒有想過，你就是還沒有目標。如果你連目標都還沒有明確，你怎麼能知道它在哪裡？怎麼去實現和擁有它呢？

　　所以，人生一定要有個目標，目標是什麼呢？目標其實就是，對人生的想法和追求的方向，是人生的信念。目標是人生的清醒劑，學習是人生的加速器。

　　有個人經過一個建築工地，問那裡的石匠們在幹什麼？三個石匠有三個不同的回答：

　　第一個石匠回答：「我在做養家活口的事，混口飯吃。」

　　第二個石匠回答：「我在做整個國家最出色的石匠工作。」

　　第三個石匠回答：「我正在建造一座大教堂。」

　　三個石匠的回答給出了三種不同的目標，第一個石匠說自己做石匠是為了養家活口，這樣的人，只考慮自己的生理需

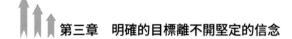

求，沒有大的抱負；第二個石匠說自己做石匠是為了成為全國最出色的匠人，這樣的人，做工作時只考慮本職工作，只考慮自己要成為什麼樣的人，很少考慮自己的理想信念是否與組織的發展相連繫；而第三個石匠的回答說出了目標的真諦，這是一個將理想與信念相結合的人，這類人思考目標的時候會把自己的工作和理想信念關連，從自己的理想信念和組織需要的角度看待自己的發展，這樣的人才會獲得更大的發展，才不會被社會中的殘酷與不公打碎自己的理想，最後走向成功。

在現實中，我們小時候的理想，我們的目標，通常比較大、比較遠。

隨著年齡增加，我們的目標就越來越小，甚至沒有了目標，沒有了夢想。

這是為什麼呢？人生中我們都有過目標，而且有多個目標，屢立目標，屢次否定。這又是為什麼呢？這就是我們沒有學會把遠大的理想和目標分解開來，沒有把信念堅定到底。

我們做事之所以會半途而廢，其中的原因往往不是難度大，而是我們覺得成功離得很遠，確切地說，我們不是因為失敗而放棄，而是因為倦怠而失敗。

在人生的旅途中，我們要學會，把遠大的目標細小化，堅定信念向著目標努力。當人們有了明確而具體的目標之後，再開始做事，將會變得非常積極，目標越明確具體，動力就會越大。

目標名言

志不立，天下無可成之事。

—— 明代思想家、文學家、哲學家、軍事家王陽明

目標可以分解，但信念絕不能弱化

目標是需要分解的，一個人制定目標的時候，要有最終目標，比如成為世界冠軍，更要有明確的績效目標，比如在某個時間內成績提高多少。

但是，在理想面前目標可以分解，信念絕不能弱化。因為宏大的目標，需要信念引領方向。

有的人缺乏堅定的信念，總認為自己的目標難以成功，對自己不夠自信。那麼怎樣來堅定信念呢？下面提供幾種方法：

1. 坐在前面的位子上

喜歡坐在後面座位的人，都希望自己不要「太醒目」，而這種怕受關注的原因就是缺乏自信。當然，坐在前面會比較醒目，但成功的一切都是醒目的。所以，從現在開始盡量挑前面位子坐，這要當成一個規則，因為坐在前面能建立自信。

2. 練習正視別人

一個人的眼神可以透露出許多有關他的資訊。例如，當有人不正視你的時候，你就會直覺地問自己：「他想要隱藏什麼呢？他怕什麼呢？」實際上，不正視別人通常意味著：在別人面前你感到很自卑，你感到不如別人，你怕別人。躲避別人的眼神意味著：你做了或者想到什麼希望別人不知道的事，你怕一接觸別人的眼神，別人就會看穿你。而正視別人，就等於告

訴他：你很誠實，而且光明正大，請別人相信，你告訴別人的一切都是真的，毫不心虛。

3. 加快走路的速度

心理學家將懶散的姿勢、緩慢的步伐與對自己、對工作以及對別人的不愉快的感受連繫在一起。只要仔細觀察就會發現，身體的動作是心靈活動的結果。那些遭受打擊、被排斥的人，走起路來都拖拖拉拉，完全沒有自信心。而另一種人則表現出超凡的信心：走起路來比一般人快，好像是在跑。他們的步伐告訴人們：「我要到一個重要的地方，去做很重要的事。」使用「走快25％」的技術，挺胸抬頭，你就會感到自信心在增加。

4. 練習在眾人面前發言

會議或聚會中那些沉默寡言的人通常會認為：「我的意見可能沒有價值，如果說出來別人可能會覺得很愚蠢可笑，我最好什麼也不說。而且，其他人可能都比我知道得多，我還是不讓他們知道我是這樣無知。」這種人儘管思路敏銳，天資也很高，只是因為缺少信心而不能主動參與。這些人常對自己許下很渺茫的諾言：「等下一次再發言」，可是他們很清楚自己是無法實現這個諾言的，於是他就越來越喪失自信。從正向的角度來看，盡量積極主動發言，就會增加信心，下一次也更容易發言。

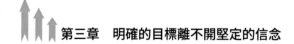

5. 充分利用你真誠的笑

笑是醫治信心不足的良藥，因為笑能給自己很實際的推動力。真正的笑，不但能治癒自己的不良情緒，還能馬上化解別人的敵對情緒。因為如果你真誠地對一個人微笑，他實在無法對你生氣。拿破崙·希爾（Napoleon Hill）曾講過自己這樣的一個親身經歷：「有一天，我的車停在十字路口的紅燈前，突然『砰』的一聲，原來是後面那輛車撞了我車的後保險桿。我從後照鏡中看他下車，我也跟著下了車，準備痛罵他一頓。

可是我還未來得及發作，他就走過來對我笑，並以最真誠的語調對我說：

『朋友，這實在不是有意的。』他的笑容和真誠的說明把我融化了，我只有低聲說：『沒關係，這種事經常發生。』轉眼間，我的敵意變成了友善。」

6. 請用肯定的語氣講話

運用肯定還是否定的語氣、措辭，可以將同一件事情形容出有如天壤之別的結果。因此有人說，講話如何措辭，好比魔術一樣。在任何情況下，只要常用有價值的措辭或肯定的敘述法，則可以將同一個事實完全改觀，自然也能驅除自卑，讓人享受愉快的生活。

7. 回憶自己曾經自信的舉動

當一個人缺乏自信時，應該做些充滿自信的舉動。缺乏自信時，與其對自己說沒有自信，不如告訴自己是很有自信的。

人們應該像砌磚一樣，一塊塊砌起來，堆砌自己對人生正面、肯定的態度。一次小的成就會為我們帶來自信。如果一下就想做偉大、不平凡的事業，就會越來越沒有自信。

8. 做自己能做的事

「當日事當日畢。」今天可以輕鬆做完的工作，如果留到第二天，工作就會變得沉重。如果心裡想著「真煩」而留到第二天，工作就會更加沉重。不必非要做偉大、不平凡的事情，只要是自己力所能及的事就足夠了。若是想一步就能登天，那就永遠找不到自己要做的事。

目標名言

古之立大事者，不唯有超世之才，亦必有堅忍不拔之志。

—— 宋代文學家蘇軾

小測試一：
你有必勝的信念嗎？

對下列題目做出「是」或「否」的回答：

1. 制定的目標一定要實現。（　　）

2. 成就是我的主要目標。（　　）

3. 心中思考的事情往往立即付諸實踐。（　　）

4. 對我來說，做一個謙和寬容的勝利者與取勝同樣重要。（　　）

5. 不管經歷多少失敗也毫不動搖。（　　）

6. 謙虛常常比吹噓會獲得益處。（　　）

7. 我的成就是不言自明的。（　　）

8. 我實現目標的願望比一般人更強烈。（　　）

9. 充滿只要做就必然能成功的自信。（　　）

10. 他人的成功不會詆毀我的成功。（　　）

11. 我所做的工作本身蘊含著價值，我並不是為了獎賞而工作。
（　　）

12. 我有自己獨特的其他任何人不具備的優點。（　　）

13. 認定的事情堅決做到底。（　　）

14. 對工作的集中力高、永續性長。（　　）

15. 往往馬上實現大腦一閃而過的念頭。（　　）

16. 失敗不能影響我的真正價值。（　　）

17. 對自己的評價不受別人的觀點左右。（　）

18. 信賴他人一起合作。（　）

19. 一件一件地實現要做的事情。（　）

20. 為了實現目標往往全力以赴。（　）

21. 相信自己有應付困難的能力。（　）

22. 常常盼望良機來臨。（　）

23. 很少對自己有負面想法。（　）

24. 與專心思考相比，更重要的是身體力行。（　）

25. 目標一旦確定馬上實施。（　）

26. 一直得到許多人的幫助。（　）

27. 盡可能地充分利用自己的才幹與能力。（　）

測試答案：

每題答「是」計 1 分，答「否」計 0 分。各題得分相加，統計總分。

0 ～ 5 分：說明你實現目標的信心很低。

6 ～ 11 分：說明你實現目標的信心較低。

12 ～ 17 分：說明你實現目標的信心一般。

18 ～ 23 分：說明你實現目標的信心較高。

24 ～ 27 分：說明你實現目標的信心很高。

小測試二：
你的信念堅定嗎？

你的信念堅定嗎？你處事有條理嗎？你容易激動嗎？為了了解你處事易激動還是堅定，請你回答下列問題。用「√」、「×」回答並把答案填入括號中。

1. 我相信我比別人更不會感情用事。（ ）

2. 我覺得我的生活過得相當平淡，在感情上極少有起伏。（ ）

3. 每當我有情緒問題時，我希望有人聽我傾訴心曲。（ ）

4. 我講話時會利用手勢和身體動作來強化語氣。（ ）

5. 我是一個感情十分衝動的人。（ ）

6. 我常覺得有些人、事、物會令我產生傷感或激動的情緒。（ ）

7. 我常會變得情緒激動。（ ）

8. 只要一點點小事就能引發我情緒激動。（ ）

9. 我常處在悲喜哀樂的心境。（ ）

10. 我極易興奮。（ ）

11. 我極易被感動得大笑或流淚。（ ）

12. 我的朋友都把我看作是感情用事的人。（ ）

13. 我是一位客觀和講事實的人。（ ）

14. 我的感情生活相當溫和平淡。（　）

15. 對人或對事，我的看法和處理態度都是適度的。（　）

16. 我從來沒有過度興奮或生氣。（　）

17. 要讓我傷感或感情用事，非常困難。（　）

18. 在我提出一個看法或建議之前，我一定會從各種立場考慮後果。（　）

19. 有許多人、事、物能令我情緒激動。（　）

20. 我無法抑制住激動的情緒。（　）

21. 有時，我變得情緒激動，無法入眠。（　）

22. 我很少有情緒性問題的困擾。（　）

23. 已經規劃好的事情，我幾乎未曾因情緒問題而改變或耽擱過。（　）

24. 我幾乎從不理會身體受到的小傷害。（　）

25. 我比一般人更能容忍身體方面的痛苦。（　）

26. 我從未暈車、暈船或者暈機。（　）

27. 有時，我會憤怒得想要摔東西。（　）

28. 我喜歡跟別人討論我的感情。（　）

29. 有時，我會未經大腦思考，就脫口講一些不可理喻的話。（　）

30. 有時，我糾正別人的行為只是因為他們的行為激怒了我，並非因為他們做錯事。（　）

31. 我總是將我的情緒埋在心底。（　　）

32. 當情緒逐漸激動時，我常把它們壓抑住，不表現出來。
（　　）

33. 我在表達自己的想法時，非常小心謹慎，而且相當客觀。
（　　）

34. 每當有事時，我會多想、少講話。（　　）

35. 我從不向別人抱怨目前的遭遇和困境。（　　）

36. 即使與我討厭的對手談生意，我也會識時務地忍住我心中
的不快。（　　）

37. 我常常要很努力地抑制自己，使自己不哭出來。（　　）

38. 有強烈的好惡感。（　　）

39. 有時，我會尖叫，以使自己感到暢快。（　　）

40. 只要有可能，我喜歡做些如栽培、養魚、垂釣之類能修身
養性、陶冶性情的事情。（　　）

測試答案：

下列題號，答「√」得 1 分：

1、2、13、14、15、16、17、18、22、23、24、25、26、
31、32、33、34、35、36、40

下列題號，答「×」得 1 分：

3、4、5、6、7、8、9、10、11、12、19、20、21、27、
28、29、30、37、38、39

把得分相加，即為總分。總分越高，信念堅定程度越高。

總分在 33 分以上，你很堅定，遇事不慌不忙，不動聲色，平時不易激動，不輕易流露感情，善於自我控制，但有時會顯得有些冷漠，不近人情。

總分在 28 ～ 32 分，你信念堅定適中，既能保持鎮靜，又能適度流露情緒。

總分在 21 ～ 27 分，你的堅定程度一般，比較容易流露喜怒哀樂，在某些方面你能比較堅定，但有時你又比較急躁、衝動。

總分在 20 分以下，你容易急躁，愛激動，遇事不易控制情緒，信念不堅定，平時情感豐富，喜怒哀樂溢於言表，喜歡表達自己的情感，所思所行情感大於理智，容易衝動。

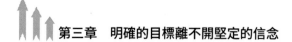

練習目標：
撰寫個人使命宣言

在筆記本新的一頁上寫下：「我的個人使命宣言」。

問自己一些問題：

1. 如果明天你即將死去，你希望你已經做了什麼？

2. 什麼是你總想做但還沒有開始做的事情？

3. 如果你有無限的時間、資金和資源，你將會做什麼？

4. 你想參觀哪些國家或地方？

5. 你最大的目標和夢想是什麼？

6. 你想有什麼經歷？

7. 你想見證什麼特殊的時刻？

8. 你想學習什麼技能？

9. 你從事目前工作的原因，生活中哪些事讓你覺得有意義、有目的？

10. 你曾經做過最重要的事情是什麼？

11. 你喜歡與他人在一起嗎？你喜歡他們嗎？你家庭如何？你朋友如何？

12. 你有沒有想要見面的人？

13. 你在不同經驗中獲得了什麼：社會、愛、家庭、職業、財務、健康、精神？

14. 你需要做什麼才可以讓你的生活更有意義？

快速撰寫個人使命宣言：

請閱讀並回答如下所列問題：

績效：

（1）當 <u>1</u> 我做得最好（什麼時候）

（2）當 <u>2</u> 我做得最差（什麼時候）

熱情：

（1）工作中，我真正喜歡做的是 <u>3</u>

（2）個人生活中，我真正喜歡做的是 <u>4</u>

天賦：

（1）我的天賦有 <u>5</u>

想像：

如果我有充足的時間、資源，並且知道我不會失敗，那麼我會選擇做什麼？

（1）我將做 <u>6</u>

願景：

假設你的生活是一部史詩般的旅途，你希望你的旅途是什麼樣的？完成下面的描述，包括你要做什麼，為誰，為什麼做，以及旅途終點是什麼結果。

（1）我的生活旅途是 <u>7</u>

個性：

（1）假使你現在過 80 歲生日，你希望誰和你在一起？你希望他們給你什麼讚揚的話？也就是你希望成為一個什麼樣的人？<u>8</u>

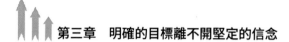

貢獻：

（1）你認為什麼是你將來對生活中最重要的人做得最重要的貢獻？ <u>9</u>

內心：

（1）有哪些事情是你覺得應該做或改變的，即使曾經已經很多次放棄了這個想法？ <u>10</u>

影響：

假設你可以邀請三個影響你的人共進晚餐，你會請誰？寫下他們的名字，然後記錄一個你最欣賞的特點。

1. 姓名：_____

特點： <u>11</u>

2. 姓名：_____

特點： <u>12</u>

3. 姓名：_____

特點： <u>13</u>

平衡：

從物質、精神、心智和社會四方面進行平衡，每一項中你覺得最重要的事情是什麼？

（1）物質： <u>14</u> （如食物、衣著、住房、交通工具等）

（2）精神： <u>15</u> （如認知的需要，美的享受的需要）

（3）心智： <u>16</u>

（4）社會： <u>17</u> （如勞動的需要，人際交往的需要，成就的需要，自尊的需要等）

當回答完上面的問題之後，就撰寫完了個人使命宣言，格式如：

我將盡量營造 <u>1</u> 的時間，阻止 <u>2</u> 的時間

我享受我工作中的 <u>3</u>

我享受我生活中的 <u>4</u>

我發揮了我的天賦，例如 <u>5</u>

我可以做任何我想做的事情，我想做 <u>6</u>

我的生命之旅是 <u>7</u>

我將成為一個 <u>8</u> 的人

我對他人的最重要的影響有 <u>9</u>

我將停止拖延，立刻開始 <u>10</u>

我將融合以下三個個性在自己的生活中：

<u>11</u>

<u>12</u>

<u>13</u>

我將在以下四個生活項目中不斷平衡，持續完善自己：

<u>14</u>

<u>15</u>

<u>16</u>

<u>17</u>

思考答案的提示：

在思考這些問題時，可能會比較難，以下一些思考問題時的提示，希望對你有所幫助：

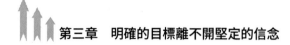

不要過多思考，不要濾掉任何想法，寫下你想到的任何事情：先不要考慮寫下的是否正確，寫下任何事情，例如「我不想做任何事情」。下一步再去考慮它是否是你真正想做的。

如果暫時沒有想法那就寫上「我不知道」：如果沒有什麼想法，那麼再次看看這幾個問題。如果你在想「我不知道」，那麼你就寫下「我不知道」，到最後總會有些事情會跑出來的。

可以寫下強加的目的：如果你之前沒有清晰的目的，那麼你將會以一些強加的目的（例如賺錢）開始。這些是由社會、媒體和環境強加給你的，是別人期望你應該做的。我們只管先寫下它們，內心的目的不久就會想出來。

寫下你思考過程中的任何疑慮。

獲得核心目的：你可能會寫下很多活動和任務，例如看電視等，你可能會對跳舞很有熱情。寫下這些事情背後的目的：它讓你成長？讓你更有創造力？還是快樂？獲得背後的答案，直到能喚醒你內心的願望。

如果需要，可以多次來思考：如果你在思考過程中感覺有點累並且不能繼續想下去了，你可以休息一下，之後再找一個時間繼續思考。如果你沒有獲得什麼，不要感到洩氣，這個練習就是幫助你來獲得這些答案。堅持每天多次思考，最後你會找到答案的。

　　這一過程需要較長時間。先寫出第一份草稿，幾天後再重讀，並進行修改，以便更好地表達你的真實感受。描述你的現狀，描述你的未來。不要為自我誇獎而感到膽怯或難為情，這是你寫給自己而不是別人看的。清楚地描述你自己以及你對未來的憧憬，要帶著一種自豪感和冒險的精神去寫。然後把它貼在你每天能夠看得到的地方，用粗簽字筆簽上自己的名字。最後就是堅持，每天的堅持。

　　如果你在制定使命宣言時感覺困難也不要緊，先制定一個粗淺的草稿，然後在日後的生活中不斷去修正它，今天可以作為你的起點。

第四章
七個步驟輕鬆設定目標

　　目標，其實大部分人都有，但能實現自己目標的人就是少部分了。為什麼你的目標沒有達成呢？答案其實很簡單，就是因為你缺少設立目標的許多關鍵步驟。

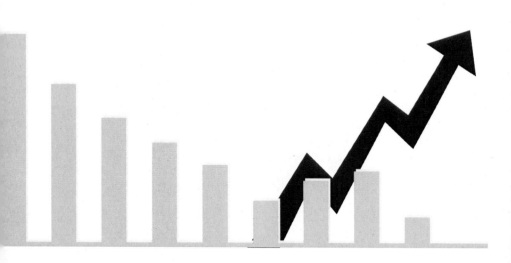

第一步：
目標的狂想：我有什麼？能做什麼？要成為什麼？

　　人生是否成功，往往起始於良好的策劃。一個人一旦決定踏上艱辛的創業之路，那麼又該怎樣邁開第一步，才能更好地走向人生美好的未來呢？

　　1997 年，哈利和他的戀人在豐禾意象藝術學校讀書的時候，雙雙沉浸在工藝美術畫的藝術靈感創作之中。有一天，哈利與戀人逛街時，受街上廣告的啟發，突然想起包中的幾幅畫，索性拿了出來，兩人連說帶笑地吃喝，沒想到很快就吸引到顧客，而且每張畫至少賣了 7 美元！他們一下子就賺了二十幾美元！這下他們大受啟發，獲得前所未有的成就感，覺得人生有了明確的目標，確信未來的創業有了努力的方向。就是在這種靈機一動的交易中，找到了前所未有的成功的感覺，發現了自身潛藏著的商業能力！

　　哈利和戀人努力工作，很快就用賣畫賺得的資金進行投資，開始研製各種精美別緻的少女飾品，尤其是他們設計製作的高級頭飾，僅此一項，每個月的銷售額就達到幾十萬美元。後來，哈利夫婦投資建立了一家奢華高級的珠寶首飾公司。

　　在確定一個人生目標時，一定要明白，自己現在擁有什麼？到底能做些什麼？這是很重要的。因為要想讓目標得以實現，就必須明確自己的實際情況，這是實現目標的基礎。要想

做一個傑出的運動員，就必須具有健康的體魄；想寫出優美的詩篇，就一定要有豐富的想像力；如果立志成為哲學家，就要有非同一般的抽象思維能力；而繪畫藝術主要是依靠濃厚的興趣、靈感和長久細緻的觀察能力。

遺傳學家認為：正常人的中等智力，是由一對基因決定的。除此之外，還有 5 對次要基因，發揮著使智力降低或升高的作用，決定著人是否擁有特殊的天賦。而人的這 5 對次要基因，一般總會有一兩對能造成升高智力的作用。所以大多數人在某些特定方面，都可能具有一定的天賦與良好的素養。所以我們一定要努力地審視自己，客觀地發現自己擁有的優勢，從而根據自己的特長，設定自己的目標。

如果確定了自己可以做某一方面的事情，想要成為這方面的成功人士，那麼你至少要具備幾個條件：

首先，你必須能夠始終如一地做好這件事。也就是說，你對此必須要有一定的預見性。

其次，只要能夠把事情做得出類拔萃，你不必在各個方面都具備優勢。

最後，你還要明白，不要把主要的精力用在克服那些弱點上，而是要最大限度地發揮自己的優勢，這就是走向成功的王道。那些成功者，總是設法抑制和迴避薄弱部分，如此才能夠集中精力，把自身的優勢磨礪得更加出色。

目標名言

　　一個人如果不到最高峰，他就沒有片刻的安寧，他也就不會感到生命的恬靜和光榮。

　　　　　　—— 愛爾蘭劇作家蕭伯納（George Bernard Shaw）

第二步：
找出你的主要目標，剔除不現實的目標

請把自己所有的人生目標都寫在一張紙上，讀讀這些目標，然後問自己：「在這些目標中，實現哪一個，才會對我未來的生活產生最重要的正面作用？」

不管你確定的最重要目標是哪一個，都要寫在這張紙的最上面。這個明確的目標，就是你在近期將要實現的主要目標。也就是說，在今後的工作行程安排中，你都要以這個目標為努力方向，把它作為你未來生活的中心內容。

有了這樣的明確目標，你就能夠以此為依據，做出更好的決策。分清事務的輕重緩急，才能更有利於實現目標。如果你在紙上寫下了 10 個目標，而你選擇了其中的一個，確定為你今後最主要的奮鬥目標，那麼恭喜，你已經成為領先的那 1% 的成年人。所以，我們一定要根據自己的實際情況，來確定這個目標，要確實能夠發揮自己的優勢和長處。如果目標選擇與自身條件不符、相差太遠，那又怎麼可能達到？為達不到的目標花費精力，如同浪費自己的生命。

如果設立的人生目標，脫離了自身所能達到的實際高度，那麼這個人即便再努力，無論付出多麼高昂的代價，也很難取得成功。不切實際的目標，就是自身的條件難以達到，或者是

與客觀環境相違背的目標，這樣就會浪費大好的光陰，空耗費心血而緣木求魚，從而失去成功的機會。

在我們的生活中，有很多人會夢想成為億萬富翁，而這樣的想法本身，就是不切實際的目標，因為只有在少數有經商才幹或者良好運氣的人中，才能產生億萬富翁。而大多數人事實上並不具備這種才能，所以實現這種目標的可能性實在太小。

我們在努力實現目標的過程中，一定要常常檢查和調整自己的行動方向，這是非常重要的。因為只有方向正確，所付諸的努力才會離目標越走越近；如果方向錯誤，便會走很多不必要的彎路；如果方向相反，那麼結果就會與目標相反，這樣的行動就像是緣木求魚。因此，隨時檢查方向是否正確，這和行動本身是同等重要的，反過來也能檢測和判斷目標是不是符合自己的實際情況，透過一番努力，究竟能不能順利實現。我們很難保證，自己所制定的目標是完全沒有錯誤的，所以透過實踐的隨時檢驗，就能及時改變和調整做法，尋求正確的途徑，修改或是重新設定目標。

目標名言

　　對於一艘盲目的船來說，所有方向的風都是逆風。

—— 英國格言

第三步：
注意目標之間的平衡

我們人的一生，主要就是工作和生活，所以我們在設定目標時，一定要兩者兼顧，注意保持平衡，更要避免捨本逐末。

獅后死了，獅王心如刀絞，哀慟不已。

獅宰相就勸說道：「獅王節哀順變吧！既然獅后已然仙逝，也只能讓她入土為安了！」獅王覺得有理，就舉行了隆重的葬禮，並為獅后修建了華麗的墓地。

獅王常常到獅后的墓旁懷念往事。牠漸漸發現，獅后的墓碑過於零落孤悽，於是就種下許多美麗的鮮花。可是獅王很快又覺得，墳墓旁還應該種一些樹木。

許多年過去後，鬱鬱蔥蔥的樹木和盛開的花朵，使墓地變得彷彿世外桃源，分外美麗，獅王深深地陶醉在牠親手營造的美景中。

可是牠心裡偶爾會感到一種缺憾，牠發現眼前的完美景緻，幾乎被獅后的墳墓給徹底破壞了。於是牠下令，把獅后的墳墓挪了出去。

獅王終於感到完美無憾了。可是牠卻已然忘記，當初就是為了獅后，才要美化這個地方的啊！

我們身邊又有多少像獅王一樣捨本逐末的人呢！因此對於工作和生活，每個人都應好好思考如何才能平衡這兩個方面的

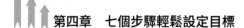

目標。實際上，工作目標和生活目標之間並不對立，而是可以達到雙贏，只要我們學會掌握兩者間的平衡。

1. 享受閒暇時光，是工作中承受不起的奢侈品嗎？

　　很多人認為工作和閒暇是兩個天生的冤家，其實不然。要想工作有業績，不一定非要做苦行僧，只要合理安排閒暇的時間，一樣能促進工作的順利開展。沒有健康的生活，工作就沒有動力。如果常年疲於奔命，就會積勞成疾，甚至導致家庭破裂。

　　只要調整好，就不會使「閒暇時光」變成承受不起的奢侈品。如果透過把自己變成工作狂來提高生產力，就會打破工作和生活的平衡。這樣做雖然在短期內是有效的，但是從長期來看，這是殺雞取卵的做法。其結果是不但無法達到長期高效的目標，同時也會失去自己原有的生活。所以，閒暇時光應該成為我們生活中的必需品。

2. 如何使業餘愛好和工作時間平衡兼顧？

　　一定要把生活和工作，看作是天平的兩邊，這兩邊都堆滿永遠也做不完的各種事項。如果本著完成工作後再安排生活的順序，那麼必然會迷失在工作中，而大大忽視了生活。

　　所以，重要的是在心理上，不要使工作和生活相互對立。很多人不肯休閒，就是怕影響工作，有些人甚至對休閒有一種罪惡感，這種想法必須改變。我們要學會讓工作與生活互相融

洽。因為工作雖然是生命中的重要部分，卻不是生命的全部。工作和生活不是對立的，而是雙贏的。

3. 應付工作而不追求事業的人，是不會獲得平衡的。

事業為我們的人生提供了更高的目標與方向，但是工作只是為我們提供一份收入。工作只是約束著你做事情，而事業卻承載著你內心的熱愛。

如果你總是在以每天、每週、每月來計算工作時間，那麼很可能你是在應付工作，而不是在追求事業。真正的事業並不是朝九晚五的差事，要學會享受自己的工作，自然而然就會熱愛工作。事業上是否成功，往往取決於是否能夠在工作中找到樂趣，從而消除工作與玩樂的界限。把工作與生活完美地融合在一起，那麼兩者之間還會有什麼不平衡呢？

目標名言

堅志者，功名之主也。不惰者，眾善之師也。

—— 《抱朴子》

第四步：
目標的完成和實現：由小至大，由近至遠

　　一位成功者說過這樣一句耐人尋味的話：「你必須為自己建立能夠達到的實際目標，同時制定一個可行的計畫。當你達到了這些目標，就把目標再提升一點，並再努力達到。如果你僅僅建立長期目標，而沒有建立相應的中短期目標，則長期目標就會變得遙遙無期，甚至難以達到。」

　　魏鵬是一名汽車業務員，是小雲的同事，他平均每星期要花上半天的時間用來做計畫，每天要花一個多小時的時間來做銷售的準備工作，在沒有做好計畫和準備工作之前，他絕對不會出門去拜訪客戶和做銷售業務。

　　不要以為這是浪費寶貴時間。正是因為有了完善的計畫與準備，才能使他保持高額的銷售業績。

　　一次，小雲請教魏鵬：「魏先生，你是怎樣成為汽車行業最頂尖的業務員呢？」

　　「因為我為自己定下遠大的目標，並且有切實可行的實施方案。」魏鵬回答。

　　「是什麼方案呢？」

　　「我會將年度的計畫和目標細分到每週和每天裡。比如說今年定的目標是3,840萬元，我會按12個月把它分成12等份，這樣每個月完成320萬元就好了，然後再用星期來分，320萬

除以 4，這下子我就不用做 320 萬元的業績了，只要每個星期做 80 萬元就行了。」

完成目標和實現目標，是一個循序漸進的過程。我們可以分別設立幾個小目標或是近期目標，在整體目標中放入切入點，其實並沒有改變原有的目標，只是選擇了另一種方式而已，目的是不會發生變化的。

比如，三隻老鼠分別掉進了鮮奶桶，牠們可能會有各自的選擇。

第一隻老鼠說：「這就是我的命。」於是牠一動不動等待死亡的降臨。

第二隻老鼠跳了兩次沒跳出去，沮喪地說：「這個桶子太深了，憑我的力量怕是跳不出去的，看來今天我是死定了。」於是，牠游了幾圈之後，沉入桶底淹死了。

第三隻老鼠四處打量，想找到出去的辦法，牠感嘆說：「這真不幸！

但幸運的是，我掉在牛奶中不會餓死。趁著我還有力氣，我要努力跳出這可怕的桶子，最好找一個東西墊腳。」

於是，這隻老鼠游一陣跳一次，慢慢地想著辦法。牠發現牛奶在牠的腳下越來越黏稠，最後變成了結塊的奶油，於是藉助奶油塊的支撐，這隻老鼠奮力一躍，終於跳出鮮奶桶逃命去了。

由小至大、由近至遠地設立目標，就會在一點一滴中增加

自信心，激發成就感，從而發揮天賦本能，達到最終的目標。

　　擬定一個馬上就能實現的可行性目標，立刻行動起來。把「現在就做」納入意識，立刻投入行動，這是使人走向成功的良好習慣。這種良好的習慣，是事業成功的有效途徑，可以使你迅速完成那些必須做的事，幫助你抓住那些寶貴的時機。

目標名言

　　天將降大任於是人也，必先苦其心志，勞其筋骨，餓其體膚，空乏其身，行拂亂其所為，所以動心忍性，增益其所不能。

—— 孟子

第五步：
對目標進行專業的分析和澄清

光有目標是不夠的，還應該對目標進行專業系統的分析和澄清，這樣才能使自己不做耗費精力的無用功。

剛開始的時候，你才華橫溢，意氣風發，相信「天生我才必有用」。

但現實很快敲了你幾個悶棍，或許，你為公司做了很大貢獻卻沒人重視；

或許，只得到口頭重視卻得不到實惠；或許……總之，你覺得自己得到的與期望相差甚遠。

於是，你憤怒、你懊惱、你牢騷滿腹……最終，你決定放棄自己的目標，不再那麼努力，讓自己的所做去匹配自己的所得。幾年過去後，你一反省，發現現在的你，已經沒有剛工作時的熱情和才華了，你已經迷失了自己，「老了、成熟了」，我們習慣這樣自嘲。但實質是，你已失去了夢想。

好萊塢有一位世界影視明星阿諾史瓦辛格（Arnold Schwarzenegger），他在童年時便夢想從政並有所作為，但是這談何容易？很多人都認為是天方夜譚。可是他並不服輸，而是客觀分析了自己的優缺點，對自己這個偉大的夢想做了一番規劃。既然要從政，那麼就必須取得美國金融財團的支持，還要得到出名政客的幫助。於是他覺得應該與一位在金融和政治

方面都有背景的家族聯姻。要實現這個目標，就得成為公眾人物。經過一番思索，他最後選擇了影視界。

要想出名，就要有出類拔萃的演技和外型，這樣才能更好地吸引觀眾。於是他勤奮健身，擁有了強壯的肌肉和健美的身材。他一進入影視界就一炮打響，他的名字很快就無人不曉。他在人生的道路中，穩穩地邁出關鍵的一步，很快就成為美國前總統甘迺迪的外甥女婿。於是他開始走從政道路，競選成為美國一個州的州長。

對目標進行專業的分析和澄清，需要把握好以下三個方面：

1. 使自己的想法更加清晰化

明確你想要達到什麼樣的具體目標，然後去專心致志實現這個目標。

2. 制定實現目標的具體計畫，並要定出最後完成的期限

要細心規劃每個時期的進度，比如每日、每週、每月、每年的進度。

3. 要有決心把計畫進行到底

要下決心將列好的計畫堅持到底，不要被遇到的障礙、批評，或是不利的環境所阻撓。機會不會自己上門，只有那些做好準備的人，才能抓住一閃即逝的機會。

目標名言

　　志向和熱愛是偉大行為的雙翼。

　　　　—— 德國詩人、自然科學家、文藝理論家歌德（Goethe）

第六步：
每天，達成一個小目標

　　每個人都有自己的夢想，然而真正能實現的人並不多。有人歸結於夢想太過遙遠，有人歸結於沒有為夢想付出百分之百的努力……然而，你可能沒有想到，實現夢想正是一個化整為零、循序漸進的過程，並非一蹴而就的坦途。把難以實現的夢想分割成一個個較容易達成的小目標，不僅可以使事情變得簡單，還可以分解壓力。所以，有時候，一個小小的目標也會成就一番大夢想。

　　俄國大文豪托爾斯泰（Tolstoy）有這樣一句名言：「人要有生活的目標：一輩子的目標，一個階段的目標，一年的目標，一個月的目標，一個星期的目標，一天的目標，一小時的目標，一分鐘的目標，還得為大目標犧牲小目標。」我們周圍的很多人，雖然心裡有一張很清晰的目標地圖，但因為前面有太長的路要走，就感覺無從著手，甚至望而生畏，似乎這是一個無論如何忙碌都無法企及的目標。因此，為了不讓自己在忙碌中喪失信心，我們需要將目標分解，透過完成一個又一個的小目標來不斷激勵自己，即使我們在追求目標的過程中遭受挫折，但是因為可以看到為了每個小目標而忙碌的回報，所以能減小壓力，保持熱情，逐一跨越。

　　一個奮鬥中的人，要不斷地充實自己、彌補不足，每天實現一個小目標，每天都要進步一點點，才能在奮進中贏得最終

的勝利。

　　一位藝術家，每天總是微笑著，從不計較得失。有人問他為什麼這麼開心呢？他講起小的時候，他的興趣非常廣泛，游泳、打籃球、拉手風琴，不但樣樣都學，還必須都得第一。這又怎麼可能呢？遇到不如意他就心灰意冷，學習成績也一落千丈。

　　父親找來一個漏斗和一些玉米粒，讓他將手放在漏斗下面，然後一粒一粒投種子到漏斗裡，種子一粒一粒滑到他的手裡。父親又抓起滿滿一把玉米粒，一下子放在漏斗裡面，玉米粒相互擠在一起，沒有一粒能掉下來。

　　父親說：「這個漏斗就是你，你每天做好一件事，就會收穫一粒種子的快樂。可是你把所有的事情都擠在一起做，反而連一個快樂的種子也得不到了。」

　　很多時候，我們總想在短時間內做好更多事情，結果什麼都沒做好。

　　其實，每天完成一個小目標，每天做好一件事，只要日積月累，溪流就會匯成大海，成功自然會屬於你。

目標名言

　　立志、工作、成就，是人類活動的三大要素。立志是事業的大門，工作是登堂入室的旅程。這旅程的盡頭有個成功在等待著，來慶祝你的努力結果。

　　　　　　　　　　　　　　—— 法國微生物學家、化學家巴斯德

第七步：
每週，重新回顧你的目標至少一次

　　你多長時間回顧一次自己的目標？一年一次嗎？如果是，你已經走在別人前面了。即便如此，我仍然建議你以更短的週期來回顧，這是聚焦目標然後實現它們的關鍵。實現你目標的關鍵習慣是：至少每週回顧一次你的目標。

　　有一個普遍的現象：很多人都容易頹廢，覺得目標太難了無法完成，於是產生了焦慮心理，只好選擇暫時逃避，明天再做吧。明日復明日，一拖再拖，所以，對實現目標來說，回顧是必不可少的過程。

　　卡內基（Dale Carnegie）在《人性的弱點》（*How to Win Friends and Influence People*）中，提到華爾街有位著名的理財家，他有一本專門記錄每週約會的紀錄本，但是在他的這個本子上，週六那頁永遠都是空白的，因為他總是在週六晚上獨處一室，認真翻看他的這個紀錄本，回憶這個星期中，所有的會面、會談和各種討論，反覆查詢自己的錯誤得失，以此來累積經驗教訓。

　　他說「雖然每週這樣的反省，可能會讓自己感到很不開心，可是我對我自己的錯誤常常會感到驚訝。數年之後，這些錯誤才漸漸減少，終於不再發生了。」這位成功的理財家經過長期的自我回顧，養成自我分析、自我修正、自我打造的好習

慣，帶領他一步步走向成功。

下面四步幫助你完成每週回顧法：

第一步：要回顧一下你定的長期目標、中期目標和近期目標。如果還沒有人生目標，那麼就抽出時間仔細考慮，制定一個清晰的年度目標。然後制定一個中期目標，可以每季為週期，這個目標能夠幫助你進一步接近長期目標。然後以月或週為單位，選擇一個比較容易的短期目標，來幫助你不斷接近中期目標。

當完成了這些步驟，以後每週回顧的內容，就是對目標進展的總結和對新目標的重新確定。最好每週都要對目標進行確定，只有這樣才能保證正確的前進方向，保證精神和體力都有所準備。

第二步：要回顧筆記。如果你有做記錄的習慣，那麼就可以在筆記上回顧大部分的任務。在重新回顧時，就會發現一些漏洞和沒有完成的專案、沒有處理好的資訊等，這樣就要把未完成的事情重新記錄一下。

第三步：回顧上一週的行程表，看一看是否有需要提前完成的事項，或者有沒有新產生的任務需要完成。然後再看下一週，需要完成哪些事情。

第四步：設定新的短期目標。如果短期目標已經完成了，就重新設定一個新的目標。如果設定的短期目標還未達到，那麼就要看看怎樣才能取得更好成果。列出你下週想完成的

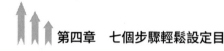
重要任務，將它們安排到行程表中優先順序最高處，盡量安排在早晨，每天第一時間完成。這些任務不要安排太多，一兩個即可。

　　不要分心，避免所有的打擾，然後按照步驟回顧30分鐘。

目標名言

　　有人問鷹：「你為什麼到高空去教育你的孩子？」鷹回答說：「如果我貼著地面去教育牠們，那牠們長大了，哪有勇氣去接近太陽呢？」

　　　　　　　── 德國戲劇家、戲劇理論家萊辛（Gotthold Lessing）

小測試一：
行動能力測試

　　行動是實現目標的必要條件。沒有行動能力的人，在機會到來時也會輕易地讓機會溜掉；行動能力強的人，不但能抓牢機會，而且能主動創造機會。

　　下面的命題，根據你的實際情況，表示肯定的計 1 分，反之計 0 分。

　　做完後總分與結果對照。

1. 制定的目標一定要實現。

2. 一旦事情考慮成熟，立即付諸行動。

3. 失敗再多也不氣餒。

4. 有比一般人更強烈實現目標的願望。

5. 有只要做便能成功的自信心。

6. 對工作能集中精力，永續性長。

7. 在大腦中一閃而過的念想，也能努力去實現。

8. 認定的事一定要做到底。

9. 對合作者能一直信賴。

10. 對要做的事，一件一件地去完成它。

11. 為了實現目標，往往全力以赴。

12. 經常盼望機遇的到來。

13. 與專心思考相比，更多的是身體力行。

14. 一直得到許多人的幫助。

15. 方案的確定周密詳細，操作性很強。

測試答案：

0～4分：行動能力很差，或者是你不想行動，害怕失敗，因此謹小慎微。

5～8分：行動能力較差，或者是你不輕率行動，極力主張「等等看」的觀點。過於消極，缺乏機敏。

9～11分：行動能力一般。行動的選擇依賴自己的好惡和情緒，不具有穩定性。

12～13分：行動能力較強。對情況的變化表現得非常敏捷，不過有時會出現故弄玄虛的現象，要引起注意。

14～15分：行動能力很強，可以說非常超群。能仔細準確地觀察周圍事物的變化情況，打破自我，開放思路，可望取得大成就。

小測試二：
管理能力自測

以下 15 題，表示肯定的計 1 分，表示否定的計 0 分。做完後總分與結果對照。

1. 習慣於行動之前制定計畫。

2. 經常出於效率上的考慮而更改計畫。

3. 能經常收集他人的各種反映。

4. 實現目標是解決問題的繼續。

5. 臨睡前，思考籌劃明天要做的事情。

6. 事務上的連繫、指令常常是一絲不苟。

7. 有常常記錄自己行動的習慣。

8. 能嚴格制約自己的行動。

9. 無論何時何地，都能有目的地行動。

10. 常常思考對策，掃除實現目標中的障礙。

11. 每天檢查自己當天的行動效率。

12. 常常嚴格查對預定目標和實際成績。

13. 對工作的成果非常敏感。

14. 今天預先安排的工作絕不拖延到明天。

15. 習慣於在掌握相關資訊的基礎上制定目標和計畫。

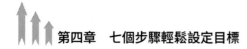

測試答案：

0～5分：管理能力很差。但你具有較高的藝術創造力，適合從事與藝術有關的具體工作。

6～9分：管理能力較差。這可能與你言行自由、不服約束有關。

10～12分：管理能力一般。對你的專業方面有事務性的管理，管理方法經常受到情緒的干擾是最大的遺憾。

13～14分：管理能力較強。能穩重、扎實地做好工作，很少出現意外或有損組織發展的失誤。

15分：管理能力很強。擅長有計畫的工作和學習，尤其適合管理大型組織。

練習目標：
什麼對你最重要（生活宗旨）

有一個設定目標的練習，不僅有效，也很有趣。你可以自己一個人做，也可以和朋友、家人一起做。你會發覺一年擬定一次目標（比方說在你生日當天進行），可以幫助你的生活朝一定方向前進。

你可以試試看：（畫清單）

1. 整個過程會花 15 至 20 分鐘。先坐下，準備四張紙、一支筆、一個錶或定時器。

2. 在第一張紙上面寫道：

我從今以後的生活目標是什麼？（2 分鐘）

用兩分鐘回答這個問題，寫下任何在此時進入你腦海的念頭，包括一般性的、特殊性的、發展性的……甚至是看起來可笑的、令人吃驚的想法，或者夢想之類的任何東西。這可以包括個人、家庭、職業、社會、智力上或精神上的目的。

3. 下一步再用兩分鐘重新瀏覽你的目標清單，做任何新增或刪改直到滿意為止。

4. 在第二張紙的上方寫道：我想怎樣度過接下來五年的時光？同樣，用兩分鐘列下所有你想到的想法，越快越好。再用兩分鐘來修改、新增或刪除。

5. 以不同的角度來看你的目標清單。在第三張紙的上方寫

129

道：如果我知道從現在算起，我只剩下六個月的時間，我該如何度過這六個月？假設所有與死亡相關的事情，像是立遺囑等，都已處理完畢。再次，寫下你的答案，兩分鐘之內，越快越好。

6. 用兩分鐘再瀏覽一次，做任何你想到的修正。

7. 現在用兩分鐘或更多時間瀏覽以上三張清單。你可能發現，其實你第二、第三張的答案只是第一張的延續，或者因注意力集中在一個較短時期，你的目標可能發生轉移。在這個練習中並沒有所謂對或錯的答案，這個練習旨在幫助你發現在生活中什麼對你是最重要的。

8. 下一步，排列所列事項的優先順序。在第四張紙的上面，寫下三個最重要的目標，從你所列出的所有事項中挑選三個對你來說最具有意義且最重要的事。你還可以進一步依照其他目標對你的重要性，加以排列。

完成以後，分析思考一下你的答案。例如：如果你六個月的清單寫著和第一、第二張紙完全不同的目標，你可能要捫心自問，你是否忽略或忘記了你內心最深處的想法？進一步，如果目前的生活方式阻礙了你向重要目標邁進，你可以做些改變，像是取消一些活動，或重新安排你的時間。

這樣的練習可以讓你確信，你現在過的生活，對你來說是最有意義的。你可以每年做一次這種練習，如此就能定期調整你的目標，讓你的生活更有意義。

第五章
七個步驟有效達成目標

　　達成一個好的目標，應該有正確的步驟。但是許多人在達成目標時往往只重視步驟中的一點或幾點，常常忽略其他步驟，從而造成失敗，這無疑是十分遺憾的。

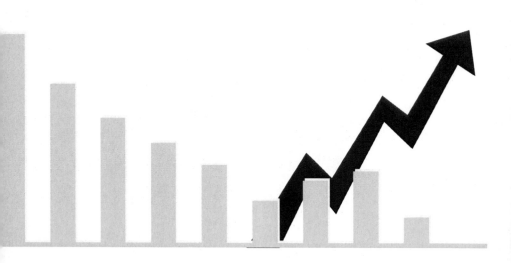

第一步：
將你的目標寫下來

在喬吉拉德（Joe Girard）的辦公室的牆上有這樣一句話：「生活的祕訣在於知道自己想要什麼，把它寫下來，然後付諸行動。」他不僅把寫有這句話的紙貼在辦公室的牆上，而且貼在汽車的遮陽板上，以便時時激勵自己。

大部分的書籍、課程都會教你要設定目標，都會教你要有夢想，可是他們往往都不會告訴你「白紙黑字」的力量，這是被很多人所忽視的。

記住，當白紙黑字寫下來的那一刻，你便開始啟動潛意識，你開始採取行動，制定計畫，而且實踐你的計畫，人用視覺的力量來影響頭腦思想。當你開始使用這個方法的時候，有非常大的一個轉變將會在你身上發生。

1953 年美國耶魯大學對應屆畢業生進行了一項有關目標的調查，研究人員問參與調查的學生這樣一個問題：「你們有目標嗎？」只有 10%的學生確認他們有目標。研究人員又問了第二個問題：「如果你們有目標，那麼，你們可不可以把它寫下來呢？」結果只有 4%的學生清楚地把自己的目標寫下來。20年後，耶魯大學的研究人員在世界各地追訪當年參與調查的學生，他們發現，當年白紙黑字寫下人生目標的那些學生，無論是事業發展還是生活水準，都遠遠超過了另外那些沒有寫下目

標的同齡人。這 4% 的人擁有的財富居然超過那 96% 的人的總和。那些沒有寫下人生目標的 96% 的人，一輩子都在直接間接地、自覺不自覺地幫助那 4% 的人實現人生目標。

你以前設定的目標沒有實現的原因，都是因為當你有一些夢想和目標的時候，只是在頭腦裡面去想它，然後沒多久就忘記了。

當你開始學習這個方法，當你把你的目標寫下來而且加上期限，你要實現這個目標的願望就變得更強烈了。然後，你把這張紙貼在鏡子上面、書桌前面、梳妝臺前面、床頭櫃前面，甚至貼在浴室裡來激勵你。當你每次看到目標的時候，你就拿出一個行動來實現這個目標，這就是視覺化所產生的力量。

當你想到任何目標，請你務必把它寫下來，不管你是寫在筆記本上，還是寫在一張紙上並貼在牆上。

當你白紙黑字寫下來的那一刻，你就會發現，你的內心感覺和僅有一個想法是不一樣的，這一點非常重要，但是也非常容易被人們忽略。

千萬不要忘記，把想的說出來，把說的寫出來，把寫的做出來！

目標名言

每一點滴的進展都是緩慢而艱鉅的，一個人一次只能著手解決一項有限的目標。

—— 福利國家的理論建構者之一貝佛里奇（William Beveridge）

第二步：
明確動因：
你為什麼要設定這個目標

　　成功是獲得預期的結果。目標是想要達到的成就。成功與目標是並列的關係，目標需要靠成功來展現，而成功則需要靠目標來達到，兩者缺一不可。要想成功就必須立下遠大的目標，要想達到目標就必須成功。有目標不一定就能成功，但成功的人一定是有目標的人。

　　有一次，法國一家報社進行了一次智力有獎競賽，其中有一道這樣的題目：如果法國最大的博物館羅浮宮失火了，情況只允許搶救出一幅畫，你會救哪一幅畫？

　　結果在該報收到的成千上萬的答案中，貝爾納以最佳答案獲得該題的獎金。他的回答是：「我救離出口最近的那幅畫。」他的理由是：成功的最佳目標不是最有價值的那個，而是最可能實現的那個。

　　當我們在設立目標時，也一定要問問自己「為什麼我一定會達成這個目標」，這是一個非常重要的問題。比方說，有時候，你設立了一個很大的目標，那你必須找出理由來說服自己，為什麼你一定會達成而且一定要達成。這時你會很有信心，當你有信心的時候，你才會採取行動。那麼，如何尋找目標的動機呢？請看下面這個故事：

　　最近在一次座談會中，羅傑將信念與角色的重要性說明了一遍，然後問學員，是否願意在大家面前與他一起設定目標，一位學員說願意。

　　羅傑說：「好，你先選出一個角色，任何你喜歡的角色。」「父親。」

　　「你認為在這個角色上你最重要的目標是什麼？」「改善與我 14 歲兒子的關係。」「為什麼有這個目標？」「因為我們的關係不太好。」「那你為什麼要改善？」「他最近在學校有不少競爭和壓力，這種多方面的壓力對他會造成負面影響。我希望在這個重要的階段能待在他身邊。」「為什麼？」「這樣我才能幫助他走向正途，過更積極的生活。」「為什麼？」「因為他需要我的幫助。」「你為什麼有這個目標？」「為了幫助他。」「為什麼？」這時他有點慌張了，說：「因為我是他父親，這是父親的責任。」「你為什麼要幫他？」他臉上的表情充滿了無力感，「因為……因為……」和他同桌的兩個人顯然再也忍不住了，他們幾乎是異口同聲地說：「因為你愛他啊！」其實他的臉上、話語裡都充滿了父愛，甚至周圍的人都可以深深感受到這份愛，但他卻說不出口，也許是因為座談會的氣氛不對，也許他尚未點燃內在的熊熊火焰。

　　聽到旁人說出那句話，他臉上露出怯怯的笑容，點頭說：「是啊，因為我愛他。」在場的每個人都能感覺到他整個人充溢著一股力量和祥和。

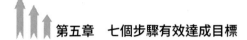

如果沒有這種內在的支持力量，生命將只是一連串的責任，令我們驅策自己去實現目標，努力支撐到最後，就算頭破血流，鞠躬盡瘁也要爬到終點線。如果我們未能汲取內在的能量來源、信念與經驗，我們幾乎是勉強為之，根本不知道為什麼或者是否要實現這一目標。單靠設定目標時的三分鐘熱度是不足以支撐到最後的。

要有動力必須先有動機，即要知道「為什麼」要這麼做。動機讓我們在艱難的時刻保持堅強，讓我們的內在燃燒著「肯定」的火焰，因而能夠「否定」外在的阻礙。

一個目標如果沒有內在的動機作支撐，即使立意良好也不夠完美，這時候必須對這目標加以質疑。如果有明確的動機，還應該再將思考與感覺向內推展，直到內在的熱切期許能與目標相流通。流通力愈強，實現目標時愈有持久的動力。

目標名言

堅硬優質的鋼條，是經過千錘百鍊而成的；瑰麗美觀的貝殼是經過水沖日曝而得的。我們的意志和毅力也必須在火熱的鬥爭中接受嚴峻的考驗，去接受長期的鍛鍊。只有這樣才能使自己在困難面前，永遠熱情奮發，鬥志昂揚。

—— 俄國政治家、革命家列寧（Vladimir Lenin）

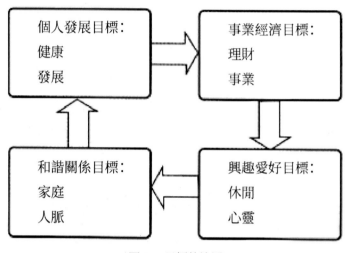

圖 5-1 目標的流通

第三步：
認清你要克服的障礙

　　許多人的偉大，來自他們所經歷的困難障礙。逆境不是我們的仇敵，而是恩人。逆境可以鍛鍊我們「克服逆境」的種種能力。森林中的大樹，不和暴風猛雨搏擊過千百回，樹幹不會長得十分結實。人不遭遇種種逆境，他的人格、本領，也不會長得結實。一切的磨難、憂苦與悲哀，都足以助長我們、鍛鍊我們。

　　所以，當你面對困難障礙時你首先要做的事是去確認：它從哪裡來？

　　這個困難障礙的源頭是什麼？你會發現兩件事情：一是在我們自己的心裡有一顆種子，二是那顆種子正反射到我們所面臨的情況、環境、工作場所和我們的活動之中。當然，當障礙出現在我們的面前時，我們會知道它的存在，但卻需要多一點注意力才能察覺到在我們心裡的那顆障礙的種子。

　　謝坤山 16 歲時在工廠工作時，因不慎碰觸到高壓電線而發生意外，四肢都被燒焦，經醫生搶救之後，只救回了一條腿，在全家陷入絕望之時，謝坤山的母親勇敢地站起來，告訴醫生，只要謝坤山還能活著叫她一聲「媽」，就足夠了。自此之後，謝坤山決定不向沮喪投降，反而自己發明了許多方法吃飯、喝水，甚至還開始學著用嘴咬著筆學習繪畫。不幸的是，

在他跌跌撞撞重新學習生活的這段時間，因意外又碰瞎了一隻眼睛。

藝術的世界讓謝坤山忘記了自己的殘疾，給予他相當大的鼓舞。1980 年他師從畫家吳炫三，勤勞地耕耘他在繪畫上的醒思，並回到學校完成國中和高中教育。這段時間他與妻子林也真相戀，最後結婚成家，生了兩個女兒，並成為臺灣知名的職業畫家。

障礙到底是什麼？障礙是一種阻礙生命能量自在流動的東西，並且不允許你的內在處在擴展的狀態。障礙是你想要除去的某些東西。障礙總是出現在快樂、幸福或成功之前，我們從不會說我生病會出現障礙；而且它總是與時間因素有關，每一個障礙都有時間的因素，你不可能在整個生命過程中只有單一的障礙，總會有個間隔，那個間隔使你感受到障礙。如果某人在他整個生命裡沒有工作，那他就不會因為沒有工作而感到悲傷，也不會有什麼抱怨。要知道，當你不是處在最壞的時刻，你才會抱怨，假定你是處在最壞的時刻，你怎能抱怨，不是嗎？抱怨是我們想要改善它，我們希望事情不是現在的這個樣子，它還沒有到最壞的情況，它還不是完全沒有希望，所以你想要它更好，對嗎？想要更好就會帶出抱怨。如果東西烤得太硬了，你會抱怨，但你絕不會去抱怨一塊石頭太硬。你不能說一塊石頭太硬了，你會接受它，石頭是硬的，但烤的東西不能太硬。當你面對一個障礙時，首先要知道這不是最壞的情況，

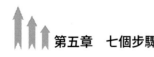

它不是沒有希望的。你之所以把它看成是一個障礙是因為它還有希望。因此，當困難和障礙總是會出現時，請不要皺起眉頭，要微笑來面對它。

目標名言

　　信心，是命運的主宰。

—— 美國殘障教育家海倫凱勒

第四步：
為達成目標，你需要有哪些能力

為什麼你能成功實現目標，其他人卻不能？如果你不知道答案，那很正常，因為對此困惑的遠遠不止你一個人。事實上，即使是智商過人的成功人士在思考他們成功或失敗的原因時，也無法給出答案。直觀的答案真的就是拼圖遊戲的一小塊，你的才能是與生俱來的，而其他人沒有。實際上，多年來對成功的研究顯示成功人士之所以能夠達到目標不是因為他們是誰，更重要的通常是他們都做了哪些努力，具備哪些能力。

1. 抓住時機朝著目標行動

不管我們有多忙，我們一次有多少目標要去實現，我們一直都在錯過實現目標的機會，這不足為奇，因為我們根本就沒在乎這些目標。你今天真的沒有時間朝著目標行動嗎？根本沒時間回一通電話？要實現這些目標，你就得在機會溜走前抓住它們，這樣你成功的機會就增加了大概300%。

2. 清楚你還要做哪些努力才能達成目標

達成任何目標都需要誠實，而且要常常檢查你已經取得的進步，如果其他人不能幫你檢查，你可以自己做。常常檢查你取得的進步，可以根據目標的具體情況每週或每天檢查一次。

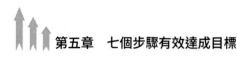

3. 做一個現實的樂觀主義者

在你設定了目標以後，你要實現它需要很多正面的思考。相信自己能夠成功，這對產生並維持你的動力有很大幫助。但是不管你做什麼，都不要低估了你要達成目標的難度。許多目標的達成值得你花費時間、努力和耐力。

4. 要有意志力

意志力是承諾達成長期目標的一種意願，在困難面前持之以恆。研究顯示擁有意志力的人在人生中會接受更多的教育，拿到更高的文憑，獲得更大的成功。

5. 不要心存僥倖

不要試圖同時接受兩個具有挑戰性的任務，除非你能做好（比如同時戒菸和減肥）。另外不要傷害自己 —— 很多人過度相信自己抵禦誘惑的能力，因此他們處處讓自己處在誘惑中。成功人士明白不要企圖達到無法企及的目標。

圖 5-2 達成目標需要的能力

目標名言

　　志氣這東西是能傳染的，你能感受到籠罩在你的環境中的精神。那些在你周圍不斷向上奮發的人的勝利，會鼓勵激發你做更艱苦的奮鬥，以求達到像他們所做的樣子。

　　　——荷蘭數學家、工程學家西蒙・斯泰芬（Simon Stevin）

第五步：
弄清楚你需要什麼樣的人脈資源

　　你想幾年後在職場上如何定位？成為什麼樣的人？取得什麼樣的成績？現在就應該開始進行開拓人脈的布局，早一點規劃你的人脈網路，累積你的「人脈存摺」，經營你的人脈資源吧！幾年後，你將會發現身邊到處是可隨時協助你的專業人士，一通電話、一個郵件即可解決你煩惱的棘手問題，進而達成你自己夢想的目標。要弄清楚我們需要什麼樣的人脈和資源，需要先弄明白以下幾個問題：

　　我目前的職業和事業進展得順利嗎？如果順利，是誰給了我最有力的支持和幫助？今後我還要得到他們什麼樣的支持？如果不順利，原因是什麼？假如不是我的能力問題，那麼，是誰沒有給我最有力的支持？他們為什麼沒有幫助我？為了實現我的職業目標，我需要哪些人脈資源的鼎力相助？我現在得到了嗎？為了實現長遠的職業目標，我還要開發哪些潛在的人脈資源？

　　其實，我們應該建立一個結構科學合理的人脈資源網路，比如，性別結構、年齡結構、產業結構、學歷與知識素養結構、高低層次結構、內外結構、現在和未來的結構等；制定一個屬於自己的人脈資源規劃：確定職業生涯規劃 —— 評估人脈資源現狀 —— 確定人脈資源需求 —— 設計人脈資源結

構 —— 制定人脈資源規劃 —— 制定行動計畫。

同時，可以透過以下活動擴張自己的人脈網路：

1. 熟人介紹：擴張你的人脈鏈條。根據你的人脈發展規劃，你可以列出需要開發的人脈對象所在的領域，然後，你就可以要求你現在的人脈支持者幫你尋找或介紹你所希望的人脈目標，然後，創造機會，採取行動。

2. 參與社團：走出自我封閉的小圈子。參與社團可在自然狀態下與他人互動建立關係，從而擴張自己的人脈網路。唯有接近人群，開啟人脈通道，一通百通，才是創造財富和尋找人生機遇的最佳捷徑。

3. 參加培訓：志同道合的平臺有三大好處：一是走出去方知天外有天、人外有人；二是一學習才知道自己孤陋寡聞；三是培訓班不僅是一個學知識、長見識、開思路的好地方，更是我們藉此拓展人脈資源的好機會、好平臺。

4. 參加活動：多參加表現自己、結交他人的活動，你一定能從這些活動中有所收穫，那就是豐富了你的人脈資源。

5. 處處留心皆人脈：學會溝通和讚美。想成為一名成功的人士，你要學會把握機會，抓住一切機會去培育人脈資源。

6. 不怕拒絕，勇敢出擊：善於溝通與交流、主動與他人溝通，等等。

常言說「一個好漢三個幫，一個籬笆三個樁」、「一人成木，二人成林，三人成森林」。要想做成大事，必定要有做成大事的人脈網路和人脈支持系統。

你在公司工作最大的收穫不只是你賺了多少錢，累積了多少經驗，更重要的是你認識了多少人，結識了多少朋友，累積了多少人脈資源。這種人脈資源不僅對你在公司工作時有用，即使你以後離開了這個公司，還會發生作用，成為你創業的重大資產。擁有它之後，你就會知道你在創業過程中一旦遇到什麼困難，你該打電話給誰。

人脈與人際關係有著千絲萬縷的連繫。經營人際關係是面，經營人脈資源是點；人際關係是花，人脈資源是果；人際關係是目標，人脈資源是目的；人際關係是過程，人脈資源是結果。可以這樣說，沒有人脈資源落地生根的人際關係是空泛的、毫無任何意義的，而人脈資源的開花結果則依賴於良好的人際關係基礎。

人脈是一種資源和資本。無論你從事什麼職業，只要學會處理人際關係，掌握並擁有豐厚的人脈資源，那麼你在成功路上就走了85%的路程，在個人幸福的路上就走了99%的路程。

目標名言

宿命論是那些缺乏意志力的弱者的藉口。

—— 法國人道主義作家羅曼・羅蘭

第六步：
為目標制定一個可行的計畫

很多人之所以無法實現自己的目標，很重要的一個原因就是他們的目標不太現實或是沒有一個完整的計畫。

曾經有一個業務員，他希望第一年就得到 25 萬元的薪水。結果這個願望很快就實現了，他實際上得到了 27.5 萬元。接著，他計劃第二年賺 30 萬，後來也超過了預期目標。後來，他遇到一個朋友，言談之間，當問及他的工作時，他說道：「極好了！我每年的遞增額是 5 萬元，從來沒有落空。

今年打算賺 55 萬，看來目標也會很快就實現，現在我正打算帶我的太太和孩子去旅遊呢！」

這位朋友聽後對他說：「如果把你的年遞增額定為 10 萬元，你看行嗎？瞧，你一直是如願以償的，看你樣子精力也很充沛，並沒有顯得太勞累。把你每天的工作量增加一點點，也許能做到呢？」

這位業務員想了一會，說道：「你這個建議不錯，有時間我會好好考慮下的。」

一年後，這位業務員就給他朋友打電話，興奮地說：「我今年的遞增額真的到了 10 萬元！」

一個切實可行的目標至少關係到以下六個方面：

1. 你受教育的程度；

2. 你的身體狀況和健康狀況；

3. 你的工作背景或個人背景；

4. 你的相關經驗；

5. 你在以往的工作中曾經負責什麼；

6. 你的貨幣財產以及現金周轉額。

上面的這些因素可能部分或全部影響到你的目標的實現。

儘管切實可行的原則是你制定目標時首先應該考慮的，你的小目標和大目標越是切實可行，你就越有可能實現它們，但是千萬別認為切實可行就是說要把目標定得很低。

如果你把目標定得很低，當你達到你所追求的目標之後，你就會在那個地方 —— 你的目標處停下來，你所得到的絕不可能比你想像的多多少。

總之，無論是為實現我們的人生理想也罷，還是想在近期做好某件事、某個專案也好，制定切實可行的目標和計畫是我們必須要做的事，更是實現我們夢想的關鍵。

目標名言

不管時代的潮流和社會的風尚怎樣，人總可以憑著高貴的品格，超脫時代和社會，走自己正確的道路。

—— 現代物理學的開創者、奠基人愛因斯坦

第七步：
總結與回顧，失敗也是一種財富

契訶夫（Anton Chekhov）說：「人的眼睛，在失敗的時候，方才睜了開來。」失敗也是財富，它讓我們開闊視野，既看到成功的艱辛，又認識到失利的緣由，還豐富了人生。有的人在失敗面前怨天尤人、一籌莫展，這樣的「失敗」怎能成為成功之母呢？失敗具有教導性，真正懂得思考的人，從失敗和成功中會學得一樣多。對於失敗，只有高度重視，認真總結，分析透澈，找出癥結，才能不重蹈覆轍。

50 年前有一個美國人叫卡爾，家裡經營著一家雜貨店，生意一直不好。年輕的卡爾告訴他的父母，既然經營了這麼多年都沒有成功，就應該換一個思路，想想別的辦法。他家附近有幾所大學，學生常常出來吃速食。卡爾想，附近還沒有人開一家披薩店，賣披薩肯定可以，他就在家的雜貨店對面開了一家披薩店。他把披薩店裝潢得精巧溫馨，十分符合學生高雅講情調的特點。不到一年時間，卡爾的披薩就成為附近的必吃美食，每天顧客都是爆滿。他又開了兩家分店，生意也很好。

卡爾的胃口開始大起來，他馬不停蹄地在奧克拉荷馬又開了兩家分店。但是不久，一個個壞消息傳來，他的兩家分店嚴重虧損。起初，他一家店準備 500 份，結果總有一半的披薩賣不出去。後來他又改準備 200 份，還是剩下很多。最後他乾脆

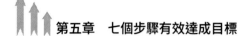

準備 50 份，這是一個連房租都不夠的數量，仍然不行。最後，一天只有幾個人光顧的情景也出現了。同樣是賣披薩，兩個城市同樣有大學，為什麼在奧克拉荷馬就失敗呢？不久他發現了問題，兩個城市的學生在飲食和趣味上存在著巨大差異。另外，在裝潢和配方上面他也犯了錯誤。他迅速改正，生意很快興隆起來。

在紐約，他也吃了苦頭。他做了很細緻的市場調查，但是披薩就是打不開市場。後來他又發現，賣不動的原因是披薩的硬度不合紐約人的口味。他立即研究新配方，改變硬度，最後披薩成為紐約人早餐的必備食品。

從第一家披薩店算起，19 年後卡爾的披薩店遍布美國，共計 3,000 餘家，總值 3 億多美元。

卡爾說：「我每到一個城市開一家新店，十分之九是失敗的，最後成功是因為失敗後我從沒有想過退縮，而是積極思考失敗的原因，努力想新的辦法。因為不能確定什麼時候成功，你必須先學會失敗。」

百姓有言：「摔個跟頭，長次見識。」在探索奮進的路上，肯定要走點彎路，摔些跟頭，交點學費。但這種付出不僅使自己累積經驗、增加閱歷，而且能為他人、後來者指明方向、減少障礙。錯誤、教訓乃至失敗往往是通向成功之路的墊腳石。假如對失敗引不起足夠的警覺，甚至視若無睹，就會為再次的失敗埋下伏筆。

戴爾·卡內基認為：「成功者與失敗者之間的區別，常在於成功者能由錯誤中獲益，並以不同的方式再嘗試。」因此，分析失敗的力度，要大於總結經驗的力度；接受教訓的態度，要比表決心更誠懇。

積極勤奮的努力和不計失敗的灑脫是成功的雙翼。正如偉人所教導的那樣：「錯誤和挫折教訓了我們，使我們比較地聰明起來了，我們的事情就辦得好一些。」其實，失誤提供的教訓常常是正確的先導，失敗留下的足跡往往是成功的路標，經過失敗考驗的人生，無疑是完整的人生。

目標名言

當我們遇到逆風行舟的時候，我們只要調整航向迂迴行駛就可以了；

但是，當海面上波濤洶湧，而我們想停在原地的時候，那就要拋錨。當心啊，年輕的舵手，別讓你的纜繩鬆了，別讓你的船錨動搖，不要在你沒有發覺以前，船就漂走了。

── 法國啟蒙思想家、哲學家、教育家、文學家盧梭（Rousseau）

小測試一：
測測你在面對困難時會是怎樣的態度

面對困難時，你會用什麼樣的態度來面對呢？一起來測試一下吧！下面有三句話，請你按照自己的喜好，將這三句話排成一句詩：

A. 那些花

B. 嬌豔欲滴的

C. 一生也忘不了

測試答案：

1.ABC（那些花，嬌豔欲滴的，一生也忘不了）

與積極正好相反，你是個非常消極的人。不管對任何事物，你都是採取被動的方式，所以不可能事先策劃某些事情。因此，別人常對你持有好感，並認為你是一個謙虛的人。可是，在緊要關頭，你若不能主動積極，就無法抓住好的時機。不管是多麼細小的事物，找一個新的機會，主動去嘗試看看吧！

2.ACB（那些花，一生也忘不了，嬌豔欲滴的）

你在面對別人時，會變成消極的類型，但是當獨自一人時，則會專注於自己的嗜好。你對於以積極的態度去對待周邊人的人，或是對於自己喜歡的人會主動去接近的人，都會感到

吃驚，因為這些行為對你而言，是非常困難的。也就是說，你是一個很小家子氣的人。人與人接觸時，一定可以從中發現很多新的事物，所以拿出勇氣來試試看吧！如此一定可以擴展你的新世界。

3.BAC（嬌豔欲滴的那些花，一生也忘不了）

就你的情況而言，雖然不是一個消極的人，但是遇到麻煩時就會變得笨手笨腳，而且會有「光為籌備工作就花很多時間」的傾向。你會積極地去考慮各種做法，但卻又遲遲不敢有所行動，可是一旦開始行動，你也會有堅持到底的一面。若能擁有可以支持你的好夥伴，那就表示你從此走上了光明之路。

4.BCA（嬌豔欲滴的，一生也忘不了那些花）

你是個有積極的一面，也有趁早打消念頭想法的人。雖然幹勁十足，卻也只是掛在心上而已，一旦遇到困難就會裹足不前，甚至逃跑，這種情況早已見怪不怪了。與其說你積極，倒不如說是「見異思遷」較為恰當。

想得到某種東西時，理所當然地，多少都會遇到一些困難，所以要努力養成不屈不撓的精神。

5.CAB（一生也忘不了，那些花，嬌豔欲滴的）

你是一個非常主動積極的人，但太過於意氣用事。只要你想做的事，就不會考慮別人的想法，而一味勇猛地往前衝，又因是一時的意氣用事，所以失敗時所受到的打擊往往比別人多

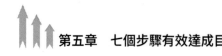

一倍。你現在最需要的是冷靜思考，而不是冥頑不化，偶爾稍作讓步也是必要的。只要明白了這些，就可以開創一條康莊大道。

6.CBA（一生也忘不了，嬌豔欲滴的那些花）

　　你對任何事物都很積極，連平常也是一個很積極主動的人。若是打定了主意而不立刻行動，就會感到過意不去。又因為你會把失敗作為下次挑戰的反省數據，所以不會太過於愁眉不展，你實在是一個天生的挑戰者。

　　好好地持續這種果敢的挑戰吧！

小測試二：
職業滿意度測試

　　要選擇一個適合自己的職業，有許多因素的限制。這裡我們所能做到的是，確認你目前的職業是否滿意。

　　以下每題的三個答案都有確定的分數，請你回答完後合計總分，然後與結果對照。

1. 你工作時看錶嗎？

　　A. 不斷地看（1 分）

　　B. 不忙的時候看（3 分）

　　C. 不看（5 分）

2. 到了星期一早晨：

　　A. 你願意回到公司（5 分）

　　B. 你渴望摔傷腿而住進醫院（1 分）

　　C. 開始有點勉強，過一會就想回到公司去上班（3 分）

3. 一天快結束時，你感覺如何？

　　A. 疲憊不堪，全身不舒服（3 分）

　　B. 為能維持生活而感到高興（1 分）

　　C. 有時感到累，但通常很滿足（5 分）

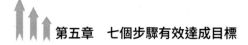

4. 對自己的工作憂慮嗎？

   A. 偶爾（5分）

   B. 從來不（3分）

   C. 經常（1分）

5. 你認為你的工作：

   A. 對你來說是大材小用（1分）

   B. 使你很難勝任（3分）

   C. 從沒想過要做這份工作（5分）

6. 你對自己的工作：

   A. 不討厭（5分）

   B. 感興趣但有困難（3分）

   C. 厭煩（1分）

7. 你用多少時間打電話或做些與工作無關的事？

   A. 很少一點時間（5分）

   B. 在個人生活遇到麻煩時用一些（3分）

   C. 很多時間（1分）

8. 你想換個職業嗎？

   A. 不太想（5分）

   B. 不想，但想在本職業中找一個好位置（3分）

   C. 想（1分）

9. 你覺得：

A. 你總是很有能力（5分）

B. 你有時很有才能（3分）

C. 你總是沒有能力（1分）

10. 你認為自己：

A. 喜歡並尊重同事（5分）

B. 不喜歡同事（3分）

C. 和你的同事比差不多（1分）

11. 哪種情況和你最相符？

A. 不想再鑽研有關工作的知識（1分）

B. 開始工作時很喜歡學習（3分）

C. 願再學點有關工作的知識（5分）

12. 你具有哪些個性特質？你認為工作需要什麼？（兩問題答案每重疊一項計5分，不重疊計2分）

A. 專心 B. 幽默 C. 體力好 D. 同情心 E. 好創新 F. 思維敏捷 G. 鎮定 H. 專長 I. 記憶力好 J. 有魅力

13. 你最贊成以下哪種說法？

A. 工作即賺錢謀生（1分）

B. 主要為賺錢，如有條件希望能做令人滿意的工作（3分）

C. 工作即生活（5分）

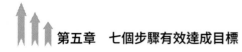

14. 接受工作加班嗎？

　　A. 如果付加班費就加班（3分）

　　B. 從不加班（1分）

　　C. 經常加班，沒有加班費也如此（5分）

15. 除假日和病假，你是否缺勤？

　　A. 一點也沒有（5分）

　　B. 僅僅幾天（3分）

　　C. 經常缺勤（1分）

16. 你對自己的工作：

　　A. 熱情十足（5分）

　　B. 沒有熱情（1分）

　　C. 一般化（3分）

17. 你認為你的同事們：

　　A. 喜歡你（5分）

　　B. 不喜歡你（1分）

　　C. 一般化（3分）

18. 關於工作上的事，你：

　　A. 只與同事談論（3分）

　　B. 和家裡人和朋友談（5分）

　　C. 盡量少談或不談（1分）

19. 你常患小病或說不清的病嗎？

　　A. 難得患一次（5分）

　　B. 不太常患（3分）

　　C. 常常患（1分）

20. 目前的工作你是怎樣選擇的？

　　A. 父母或老師幫助決定的（3分）

　　B. 你唯一能找到的（1分）

　　C. 當時覺得很合適（5分）

21. 當家庭與工作矛盾時，哪方取勝？

　　A. 家庭一方（1分）

　　B. 工作一方（5分）

　　C. 根據具體情況而定（3分）

22. 如果少付三分之一薪資，你還願做這份工作嗎？

　　A. 願意（5分）

　　B. 內心願意，但負擔不了家庭只好作罷（3分）

　　C. 不願意（1分）

23. 如果你被迫離開工作，那最想念什麼？

　　A. 錢（1分）

　　B. 工作本身（5分）

　　C. 工作部門（3分）

24. 你會為消遣一天而請一天事假嗎？

    A. 會（1分）

    B. 不會（5分）

    C. 如果工作不忙，可能會（3分）

25. 你覺得自己在工作中不受賞識嗎？

    A. 偶爾覺得（3分）

    B. 經常覺得（1分）

    C. 很少覺得（5分）

26. 你最不喜歡你的職業哪方面？

    A. 時間太死板（3分）

    B. 乏味（1分）

    C. 不能按自己的想法做（5分）

27. 你愛人認為你把個人生活與工作分開嗎？

    A. 嚴格分開（1分）

    B. 時常分開，但也有不分開之處（3分）

    C. 完全沒分開（5分）

28. 建議自己的孩子將來做你的職業嗎？

    A. 隨孩子的便（3分）

    B. 是的，如果他有能力並且合適（5分）

    C. 警告他不要做（1分）

29. 如果你有一大筆錢，你會怎樣？

　　A. 辭職，再也不做工作了（1分）

　　B. 找一個你一直想找的職業（3分）

　　C. 繼續做現在的工作（5分）

測試答案：

30～50分：極不滿意自己的職業。毫無疑問沒有必要再做下去。如果你還年輕，應立即鼓足勇氣去尋找令你滿意的工作。

51～80分：不滿意自己的職業。有可能你選錯了職業，也有可能自己預估過高。因而產生失落感，工作的熱情總是提升不起來。

81～144分：比較滿意自己的職業。覺得工作環境可以，同事也不錯，有被提拔的機會，但你不一定喜歡艱苦的主管職務。

145～175分：非常滿意自己的職業。工作對你十分重要，對工作有高度的責任感。你是工作中的成功者和愉快者。

176分以上：你的職業已使你產生了變態心理。工作成了一切生活的需要，除此之外，你認為世界上任何實物都不復存在了。要警惕！

目標練習：
達成目標的 12 個步驟

生活宗旨：

1. 在上一章的練習中，曾要求你寫下你的生活宗旨，假如你現在仍無法決定，請立刻翻到上一章，回答下面的問題：

你的生活宗旨是什麼？ _____

2. 在上一章的練習中，你曾就個人／家庭、事業／職業與自我成長三方面，分別定出三到五個目標，重新複習這些目標，從中挑出兩個目標，分別來回答下列各項問題，請先做第一個目標，做完了再進行第二個目標。

目標領域：

目標：

第一步：目標必須是你熱切的願望

熱切的願望，是你完成偉大事業的起始點。

你必須完全誠實面對自己，你這個目標是否真的是你想要的，想做的，想擁有的？ _____

第二步：目標必須是可以被相信的，可以達到的

這個目標必須是可以被相信的，也就是你必須相信這個目標是可以達成的。這個目標是否有 50％ 的成功機會？

_____

假如答案是否定的，重新設定這個目標，使它變成有 50% 成功機會的目標。

第三步：評估你的目標

它是否具體？ ＿＿＿＿＿＿＿＿

它是否清楚？ ＿＿＿＿＿＿＿＿

它是否明確？ ＿＿＿＿＿＿＿＿

它是否能以生動的文字、積極的語言描述出來？ ＿＿＿＿

現在，請以個人語氣、積極的言詞，將你的目標清楚地陳述出來：＿＿＿＿＿＿＿＿

第四步：你為什麼要這麼做？你能獲得些什麼利益？你為什麼要達成這個目標？將理由依序寫在下面，你的理由寫得越多，你就越能完成這個目標。

1. ＿＿＿＿＿＿＿＿

2. ＿＿＿＿＿＿＿＿

3. ＿＿＿＿＿＿＿＿

4. ＿＿＿＿＿＿＿＿

第五步：分析你所在的位置

你現在整裝待發的起始點在哪裡？請明確註明。＿＿＿＿

第六步：設定一個期限

在哪一天以前，你會達成這個目標？ ＿＿＿＿＿＿＿＿

除了為總目標設定一個期限外，再設定一些迷你目標。

＿＿＿＿＿＿＿＿

第七步：確認你要克服的障礙

在你追求完成目標的過程中，你預期會遇到一些什麼障礙？

1. _____

2. _____

3. _____

4. _____

請將以上各項障礙，以其重要的優先順序予以編號。

第八步：確認你所需要的知識

你需要去學習什麼知識以完成此目標？

你如何能獲取你所需要的知識？

1. _____

2. _____

3. _____

4. _____

第九步：確認你需要哪些人的幫助？

確認有哪些人、哪些團體、哪些機構，你將會需要他們的協助來完成你的目標：

1. _____

2. _____

3. _____

4. _____

記住：你生活中的回饋，永遠會相等於你對他人所提供服務的價值。

第十步：制定一個計畫

列出要達成目標你必須要做的事情。接著針對每一件事、每一項活動，設定優先順序，以及你需要花費多少時間完成哪一件事情，藉此你可設定「迷你期限」，來協助你完成總目標。

優先順序 活動事件 需要時間

1. _____

2. _____

3. _____

4. _____

5. _____

6. _____

7. _____

8. _____

9. _____

10. _____

第十一步：視覺化與情感化

以生動的字眼來描述，當你達成目標時，你將經歷到的感覺，你將看見的具體的成果。

第十二步：以堅定的決心支持你的計畫

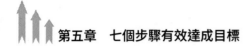

　　事先就下定決心，你「絕對不放棄」，堅定的決心就是行動中的自我操練。堅定的決心對個人特質的重要，就好像「碳」元素對鋼鐵的重要。

第六章
八個目標領域達成平衡

　　最美好的人生，並不是在各方面都達到完美，而是生活的主要目標領域達成相對的平衡，那麼，如何做到主要領域的目標平衡呢？本章將為你解開謎題。

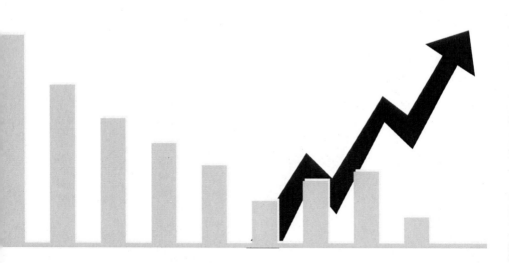

身體與靈魂，達到完美的高度

相傳，人死後，會失去 21 克的重量，這 21 克不是別的，是靈魂的重量，是你全部愛的重量。遺憾的是，這 21 克不是在每個人死後都會出現的，在那些不懂得如何去活著、如何去愛的人身上，永遠也沒有這 21 克。

在他們開始選擇消沉墮落地面對他們人生的時候，他們生命中便少了這 21 克，從那一刻，他們只有肉體，沒有靈魂！

我們清楚地知道活著並不是簡單的肉體的存在，它更需要靈魂的支撐，失去了靈魂，便只剩下軀殼，你可曾思考過，那 21 克，你身上有嗎？

你是否在逆境面前始終保持沉著冷靜？

你是否有一顆自尊高傲不輕易屈服的心？

你是否能夠不受外界的干擾專注於自己？

你是否相信你能夠無懼地面對困苦與災難？

你是否堅信上帝在奪走你一樣東西的同時也會給予你另一樣？

某個村莊裡面住著一位擁有三個妻子的男人。有一天，這個男人決定要出遠門去旅行。因此，男人對排行第一的妻子說了一番話。排行第一的妻子，平常就被這個男人帶在身邊，是他最疼愛的妻子。他問：「你要不要跟我一起去啊？」

排行第一的老婆回答了：「不要，我不想去！」

聽到最疼愛的妻子的回答，做丈夫的很失望，於是他轉而去詢問排行第二的妻子同樣的問題。排行第二的妻子，雖然有時候會跟男人吵架，但也是男人第二疼愛的妻子。「想不想跟我一起去旅行呢？」

排行第二的妻子這麼回答：「好可惜我不能陪你，但我可以送你出村子。請原諒我。」

男人心想：身為丈夫的我都這麼求你們了，你們竟然還拒絕！心裡到底在想什麼！虧得我這麼疼愛你們……感到困擾的男人，最後去問了排行第三的妻子。

排行第三的妻子，男人平常很少理她，有時候甚至會忘記她的存在。

「你要跟我去嗎？」

排行第三的妻子，露出甜美的微笑，說：「是的，老公。你要去的地方，不管是哪裡，我都會陪伴你到最後。假如你覺得我可以的話，就請你讓我跟隨你吧！我很樂意！」

男人聽到排行第三的妻子這一番話，十分感動，淚流滿面地說：「我經常忘記你的存在，實在是覺得很不好意思。沒想到你們三個人裡面最會為我著想的人，竟然是你。謝謝你！謝謝你！」說完之後，男人流著感動的眼淚，將排行第三的妻子緊緊地擁在懷裡。

男人的旅行其實是「死亡之旅」。也就是說，這個男人即將死去。

在臨死之前，三個妻子登場了。排行第一的老婆象徵「金錢」。平常他最在意的就是「金錢」，可是，臨死之前他卻無法帶走。

排行第二的妻子，象徵的是「家人」、「死黨」或「情人」。不管自己多愛的人，也只能送自己出村子而已，這代表說，我們的親人、朋友、情人，最多也只能送我們死去，但不能陪我們一起走。

那麼，排行第三的妻子，到底象徵什麼呢？

這個東西經常與我們同在，但我們在日常生活中，因為忙於制式的生活，經常忘記它的存在。沒錯！就是我們的「靈魂」。

也許生命本如一口枯井，了無生趣，卻因靈魂的存在而跳出絕美的舞蹈，呈現最美的姿態。我們從出生的那一刻就在走向死亡，填充其中的，只有生活。柴米油鹽醬醋茶，生活瑣碎而單調，還有著我們無法忍受的折磨和苦難。人活著有什麼意義呢？吃飯、睡覺、呼吸空氣，每一個人都是如此。然而，這個世上有著那麼多的人，沒有任何兩個人的生活是完全一樣的，正如這個世上沒有兩片完全相同的樹葉一樣，差別僅僅在於靈魂。

擁有獨立靈魂的人，就算他活得窘迫，卻也自得其樂，不會因為生活的打擊而被輕易擊垮；一個人，就算他的身體再康

健，若沒有獨立的靈魂，那也不過是行屍走肉罷了。古之聖賢者，無一不如此。我們有著無數的壓力、越來越多的責任和無法捨棄的感情，也許我們不能拋下一切，走向最真實的自己。但我們可以抽出一點點的時間，哪怕只是一點點，給自己自由，給靈魂自由。

目標名言

讓自己的內心藏著一條巨龍，既是一種苦刑，也是一種樂趣。

—— 法國浪漫主義作家雨果

生活，大笑並愛著吧

　　有位婦人在自己房子外，看見前院坐著三位有著長白鬍鬚的老人。她並不認識他們，於是說：「我想我並不認識你們，不過你們應該餓了，請進來吃點東西吧！」「家裡的男主人在嗎？」老人們問。「不在」，婦人說，「他出去了。」「那我們不能進去。」老人們回答說。

　　傍晚當她的丈夫回家後，婦人告訴丈夫事情的經過。「去告訴他們我在家裡了，並邀請他們進來！」

　　婦人走出去邀請三位老人進屋內。「我們不可以一起進去一個房屋內。」老人們回答說。「為什麼呢？」婦人想要了解。

　　其中一位老人解釋說：「他的名字是財富。」指著一位朋友說。然後又指著另外一位說：「他是成功，而我是愛。」接著又補充說：「你現在進去跟你丈夫討論看看，要我們其中的哪一位到你們的家裡。」婦人進去告訴她丈夫剛剛談話的內容。她丈夫非常高興地說：「原來是這麼一回事啊！讓我們邀請財富進來！」

　　婦人並不同意，說道：「親愛的，我們何不邀請成功進來呢？」他們的媳婦在屋內的另一個角落聆聽他們談話，並插進自己的建議：「我們邀請愛進來不是更好嗎？」

　　丈夫對其太太講：「就照著媳婦的意見吧！」

　　婦人到屋外問那三位老者：「請問哪位是愛？」

生活，大笑並愛著吧

愛起身朝屋子走去。另外兩位老人也跟著他一起。

婦人驚訝地問財富和成功：「我只邀請愛，怎麼連你們也一道來了呢？」老者齊聲回答：「如果你邀請的是財富或成功，那麼另外兩人都不會跟進，而你邀請愛的話，那麼無論愛走到哪，我們都會跟隨。哪裡有愛，哪裡就有財富和成功。」

愛是生命中最好的肥料，哪怕只是一勺清水，也能使生命之樹茁壯成長。也許那樹是那樣的平凡、不起眼；也許那樹是如此的瘦小，甚至還有些枯萎，但只要有這肥料的澆灌，它就能長得枝繁葉茂，甚至長成參天大樹。

一個小男孩幾乎認為自己是世界上最不幸的孩子，因為患小兒麻痺而留下了瘸腿和參差不齊且突出的牙齒。他很少與同學們遊戲或玩耍，老師叫他回答問題時，他也總是低著頭一言不發。

在一個平常的春天，小男孩的父親從鄰居家討了一些樹苗，他想把它們種在房前。他叫他的孩子們每人種一棵。父親對孩子們說，誰種的樹苗長得最好，就給誰買一件最喜歡的禮物。小男孩也想得到父親的禮物，但看到兄妹們蹦蹦跳跳提水澆樹的身影，不知怎麼地，萌生出一種陰暗的想法：希望自己種的那棵樹早點死去。因此澆過一兩次水後，再也沒去搭理它。

幾天後，小男孩再去看他種的那棵樹時，驚奇地發現它不僅沒有枯萎，而且還長出了幾片新葉子，與兄妹們種的樹相比，顯得更嫩綠、更有生氣。父親兌現了他的諾言，為小男孩

173

買了一件他最喜歡的禮物，並對他說，從他種的樹來看，他長大後一定能成為一名出色的植物學家。

　　從那以後，小男孩慢慢變得樂觀向上起來。

　　一天晚上，小男孩躺在床上睡不著，看著窗外那明亮皎潔的月光，忽然想起生物老師曾說過的話：植物一般都在晚上生長，何不去看看自己種的那棵小樹。當他輕手輕腳來到院子裡時，卻看見父親用勺子在向自己栽種的那棵樹下潑灑著什麼。頓時，一切他都明白了，原來父親一直在偷偷地為自己栽種的那棵小樹施肥！他返回房間，任憑淚水肆意地奔流……

　　幾十年過去了，那瘸腿的小男孩雖然沒有成為一名植物學家，但他卻成了美國總統，他的名字叫富蘭克林·羅斯福。

　　心態平和是一劑良藥。作為人，能正確對待世間百態，不慌不亂，不抱怨命運的不公，而是在歲月的沉澱之中汲取經驗與教訓，把生活過得正常，過得簡單，泰然處之，已屬人上人。在人生中，我們還有許多的問題急待解決，生命中有著太多的精彩需要我們共同去構建。改變一個人的心態，就改變一個人的一生！讓我們在生活的道路上，大笑並愛著吧！

目標名言

　　當你的希望一個個落空，你也要堅定，要沉著！

　　　　—— 19 世紀美國最偉大的浪漫主義詩人之一朗費羅

　　　　　　　　　　　　　　　（Henry Longfellow）

家庭，和睦是第一要義

中國人可以把高官厚祿當作成功，可以把身家百萬當作理想，但是，大多數中國人不認可的成功就是家庭的和睦、人生的平淡。其實，家庭和睦、人生平淡也是一種成功。

中國山東，有這樣一對夫婦。

剛剛結婚時，妻子在濟寧，丈夫在棗莊；過了若干年，妻子調到了棗莊，丈夫卻一紙調令到了菏澤。若干年後，妻子又費盡周折，調到了菏澤，但不久，丈夫又被提拔到了省城濟南。妻子又託關係找熟人，好不容易調到了濟南。

可是不到一年，丈夫又被公司調到重慶。於是，她所有的朋友，就給她開玩笑—你們倆呀，天生就是牛郎織女的命。要我們說呀，你也別追了，乾脆辭職，跟著你們家老張算了。但是，她以及公婆、父母，都一致反對。「做了這麼多年，馬上就退休了，再說，你的公司效益這麼好，辭職多可惜。要丟掉多少錢呀！再做幾年吧，也給孩子多賺一些。」

其實，他們家的經濟條件已經非常優越，早已是中產階級，但是他們仍然惦念著那一點退休金。於是，夫妻兩個至今依然過著牛郎織女的生活。

中國人一直是為了某種自己未必真正明白的主義而活著。於是，中國人不能在沒有目標的生活中活著。而這個目標，可

以是工作，可以是理想，可以是金錢，可以是孩子，可以是老人……但是，唯一不可以是的，就是自己。

英國某小鎮。這裡，有一個年輕人，整日以沿街為小鎮的人說唱為生；這裡，有一個華人婦女，遠離家人，在這裡打工。

他們總是在同一個小餐廳用餐，於是他們屢屢相遇。時間長了，彼此已十分的熟悉。有一日，華人婦女關切地對那個年輕人說：「不要沿街賣唱了，去做一個正當的職業吧。我介紹你到中國去教書，在那裡，你完全可以拿到比你現在高得多的薪水。」

年輕人聽後，先是一愣，然後反問道：「難道我現在從事的不是正當的職業嗎？我喜歡這個職業，它給我，也給其他人帶來歡樂。有什麼不好？我何必要遠渡重洋，拋棄親人，拋棄家園，去做我並不喜歡的工作？」

鄰桌的英國人，無論老人孩子，也都為之愕然。他們不明白，僅僅為了多賺幾張鈔票，拋棄家人，遠離幸福，有什麼可以值得羨慕的。在他們的眼中，家人團聚，平平安安，才是最大的幸福。它與財富的多少、地位的貴賤無關。於是，小鎮上的人，反而同情起華人婦女了。

誰都想生活幸福，可是究竟有多少人覺得自己的生活是幸福的呢？在如今的經濟社會中，不少人認為幸福是與金錢相關的，可有的人很富有卻依然不快樂，更談不上幸福感了。

中國人，可以很委屈地活著。可以是工作上的極不順心，

可以是婚姻上的勉強維持，可以是人際關係上的強作笑顏，可以是所有慾望的極端壓制……哪怕犧牲自己一生的幸福，也在所不惜。

其實，幸福是什麼？是一種主觀感覺，這種感覺取決於人的各種目標、需要滿足與否。無論重如泰山還是輕如鴻毛，只要目標實現、需要滿足，人就容易獲得積極良好的情緒體驗，這就是幸福感。在過去一年中，你幸福嗎？新的一年你做好幸福的準備了嗎？你不妨將家庭也作為一種幸福的指數吧！

目標名言

奇蹟是信仰最寵愛的孩子。

—— 德國詩人、自然科學家、文藝理論家、政治家歌德

金錢，越多不等於越成功

在很多人看來，成功者大多是有錢人，金錢上的成功就是社會上的成功，從而把金錢看作是衡量成功的唯一標準，這實在是一個不好的價值觀。

有些人總是認為，擁有許多錢就可以購買很多東西，就代表了成就，包含了成功，得到了地位；他們聚集了錢和一些物質上的東西，他們以為那就是才能、成就和成功的鐵證；他們以為只要比他們周圍的人賺得多、買得多，就能贏得社會和別人的尊敬；他們對建立什麼都不感興趣，除了他們銀行的存款，他們不關心道德價值，只關心他們買一件東西要花多少錢，這實在是大錯特錯。

擁有大量的金錢固然是成功者的一種象徵，但是除此之外，還有很多其他類型的成功是與金錢毫無關係的。

古今中外，無論是哪一個時代、哪一個國家，都有著無數的為人類文明發展做出巨大貢獻卻只有少量金錢甚至沒有金錢的成功者。

梵谷是表現主義的先驅，並深深影響了二十世紀的藝術，尤其是野獸派與德國表現主義。梵谷的作品，如〈星夜〉、〈向日葵〉與〈有烏鴉的麥田〉等，現已躋身於全球最知名、最昂貴的藝術作品的行列。但是他死的時候卻一文不名。其實有無數偉大的哲學家、科學家、藝術家和音樂家，一生中都是很

窮的，但沒有人能算出這些過世的賢哲對人類貢獻的價值。

　　擁有金錢並不一定就擁有成功，金錢只是成功以後所帶來的附屬品，有些成功者往往以為自己是有錢後才得到別人的羨慕和尊敬的，認為自己的金錢越多，成功就越有分量。不可否認，金錢可以給人帶來尊嚴，可以讓人更有信心地生活，讓人能展現自己的成功，但不能僅以金錢的數量來衡量成功的大小。如果只是把金錢當成衡量成功的唯一標準而忽略人生其他更有意義的事，那麼你即使富可敵國，也未必就是成功者。

　　成功大師拿破崙・希爾（Napoleon Hill）就曾告誡過成功者，除了金錢，還有其他形式的富有，金錢能否代表成功絕不能一概而論。

　　事實上，很多成功者在擁有金錢後，都非常重視自己的道德價值，這包括充分培養自己的靈魂、智慧和氣質。

　　美國大富豪尚保羅蓋提（Jean Paul Getty）說過，「我並不以多少錢來衡量我的成功。我以我的工作和我的財富所造成的社會地位來衡量成功」。對於一個成功者來說，最大的成功不是他擁有多少財富、得到多少歡樂和名譽，而在於他給社會做了多少有益的工作，他給老百姓帶來了多少精神上的鼓舞，他為人類的發展盡了多少力。因此在很多成功者的眼中，智慧、道德品格、熱心公益事業的精神遠比手中的金錢更重要。

　　時至今日，由於社會的豐富多采，社會的發展所需要的人才也越來越多樣化。整個社會各行各業都不乏優秀者和傑出人

士，他們雖然都為社會做出了傑出貢獻，但他們並不一定很有錢，更談不上擁有大量的財富，然而，我們都應該承認他們是真正的成功者。成功，是一個廣泛的概念，有人一輩子很成功但不一定有名有利，反之，有人一輩子有名有利，但不一定為社會做出了貢獻，不一定取得了成功，這要視情況而定。

目標名言

　　奇蹟建立在我們對大自然的無知這一基礎上，而不是大自然本身所固有的。

　　── 人文主義作家、思想家蒙田（Michel de Montaigne）

心態，心平了事就順了

有一個人想掛一張畫。他有釘子，但沒有槌子。鄰居有槌子。於是他決定到鄰居那裡去借槌子。

就在這時他起了疑心：要是鄰居不願意把槌子借我，那怎麼辦？昨天他對我只是漫不經心地打招呼，也許他匆匆忙忙，也許這種匆忙是他裝出來的，其實他內心對我是非常不滿的。什麼事不滿呢？我又沒有做對不起他的事，是他自己在多心罷了。要是有人向我借工具，我立刻就借給他。

而他為什麼會不借呢？怎麼能拒絕幫別人這麼點忙呢？而他還自以為我依賴他，僅僅因為他有一個槌子！我受夠了。

於是他迅速跑過去，按響門鈴。鄰居開門了，還沒來得及說聲「早安」，這個人就衝著他喊道：「留著你的槌子給自己用吧，你這個惡棍！」

負面的思想造成錯誤的行為，而正面的心態則可以避免一切不必要的麻煩和錯誤。

同時，人類若改變本身的心態就能使生活本身發生變革。記住打倒你的不是挫折，而是你面對挫折時所抱持的態度，訓練自己在每一次挫折中都能發現與挫折等值的正向的一面。

在絕望中擺脫煩惱，在痛苦中抓住歡樂，在壓力下改變心態，在失敗中找到希望。心態決定成敗，無論情況好壞，都要抱著正面的心態，莫讓沮喪取代熱心。生命可以價值極高，也

可以一無是處，隨你怎麼選擇。

一個人在森林中漫遊時，突然遇見了一隻飢餓的老虎，老虎大吼一聲就撲了上來。他立刻用最快的速度逃開，但是老虎緊追不捨，他一直跑一直跑，最後被老虎逼到了懸崖邊。

站在懸崖邊上，他想：「與其被老虎捉到，活活被咬死，還不如跳入懸崖，說不定還有一線生機。」

他縱身跳入懸崖，非常幸運地卡在一棵樹上。那是長在斷崖邊的梅樹，樹上結滿了梅子。

正在慶幸之時，他聽到斷崖深處傳來巨大的吼聲，往崖底望去，原來有一隻凶猛的獅子正抬頭看著他，獅子的聲音使他心戰，但轉念一想：

「獅子與老虎是相同的猛獸，被什麼吃掉，都是一樣的。」

剛一放下心，又聽見了一陣聲音，仔細一看，兩隻老鼠正用力地咬著梅樹的樹幹。他先是一陣驚慌，立刻又放心了，他想：「被老鼠咬斷樹幹跌死，總比被獅子咬死好。」

情緒平復下來後，他看到梅子長得正好，就採了一些吃起來。他覺得一輩子從沒吃過那麼好吃的梅子，他找到一個三角形的樹枝休息，心想：

「既然遲早都要死，不如在死前好好睡上一覺吧！」於是靠在樹上沉沉地睡去了。

睡醒之後，他發現老鼠不見了，老虎和獅子也不見了。他順著樹枝，小心翼翼地攀上懸崖，終於脫離了險境。原來就在

他睡著的時候，飢餓的老虎按捺不住，終於大吼一聲，跳下了懸崖。

老鼠聽到老虎的吼聲，驚慌地逃走了。跳下懸崖的老虎與崖底的獅子展開激烈的打鬥，雙雙負傷逃走了。

生命中會有許多險象環生的時候，困難、危險像死亡一樣無法避免。

既然無法避免不如放下心來安享現在擁有的一切，建立一種正向的心態來面對，也許無意中就會享受到生命的甜果。不要讓你的心態使你成為一個失敗者。成功由那些抱有正面心態的人所取得，並由那些以正面的心態努力不懈的人所保持。

為了擁有平和的心，你必須培養舒暢自然的心態。世界上最重要的人就是你自己，你的成功、健康、幸福、財富全靠你如何應用你看不見的法寶 —— 正面的心態。

目標名言

愛情、希望、恐懼和信仰構成了人性，它們是人性的標誌和特徵。

—— 英國詩人、劇作家羅勃特·白朗寧（Robert Browning）

人脈，設計一張龐大的人際網

　　人脈就像空氣那麼重要。經營人脈是我們每個人的必修課。其實，我們身邊到處都是拓展人脈的機會，雖然你永遠不應該把拓展人脈的社交和閒聊混為一談。「閒聊就意味著你從某人那裡得到了一些東西，可是卻沒有為其他人帶來任何益處。」潛在客戶能夠看穿這一切，所以你閒聊，你就輸了。你應該做好準備，在拓展人脈之前就給予。下面提供了四種最好的拓展人脈的方法：

1. 在會談之前問問題

　　任何當地商業團體會議的開始幾分鐘都是拓展人脈的絕佳時機，氣氛非常休閒，談話也很輕鬆。問兩到三個中性的問題，例如一個人之前在哪裡工作。這是很輕鬆的話題，沒有任何威脅，它可以幫助你找到雙方的共同點。

2. 和同行的旅客交談

　　在旅行的過程中練習如何拓展人脈。當你坐下的時候，對你的旅伴微笑並說「你好」。問問對方是要去開會還是回家。

　　當然，你還要尊重對方的身體語言和個人空間。如果對方轉過身去，那麼就意味著他或者她希望自己待著。

3. 在大會或產業展覽上拓展人脈

當你有一個展位的時候，想辦法讓人們在經過的時候注意到你。建議，「如果對方也是一位參展商，問問她或者他通常一年會參加多少展會或者是否喜歡這個展會等問題」。如果對方是一位參觀者，你應該多問少說。記住，你聽得越多，就越了解別人，說得多並不能達到這個目標。不要當一個多話的男孩或者女孩。

4. 跟蹤，但是要謹慎

如果你參加一個會議或者產業展覽，請考慮一下你是否想見某個特殊的人。閱讀演講者的簡介，提前一週左右透過電子郵件或者電話連繫對方，但是不要讓自己排得太滿。「你會發現時間很快就飛走了」，而在展覽上取消約會是很不專業的行為。

那麼，你能給你遇到的人什麼呢？聽聽他們的需求，然後真誠地幫助他們連繫上他們正在尋找的連繫人、資訊或者目標客戶。你會發現你給予人們的越多，你得到的回報就越多。

目標名言

愛一個人就是指幫助他回到自己，使他更是他自己。

—— 加拿大著名心理學梅爾勒·塞恩

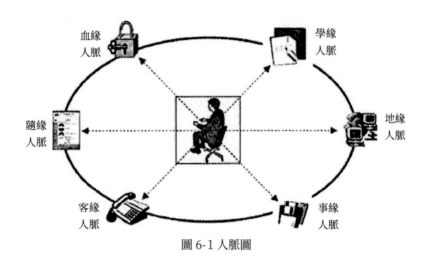

圖 6-1 人脈圖

生存，你該如何存在

　　有太多人的前半生，如同流水線上大批生產的商品一樣，雷同得一塌糊塗：讀書、畢業、上班、談戀愛、買房、結婚、生子、老去……就這樣，在日復一日的生活中逐漸消磨了青春。這樣的日子或許沒有什麼不好，一切按部就班，安穩度日，同時也完成了父輩的期許，可是，就像汪峰的〈存在〉所唱的那樣：「多少人走著，卻困在原地；多少人活著，卻如同死去；多少人愛著，卻好似分離；多少人笑著，卻滿含淚滴……」這可能從來都不是我們自己想要的人生。那麼該如何存在呢？

　　羅森在一家夜總會裡吹薩克斯風，收入不高，然而，卻總是樂呵呵的，對什麼事都表現出樂觀的態度。他常說：「太陽落了，還會升起來，太陽升起來，也會落下去，這就是生活。」

　　羅森很愛車，但是憑他的收入想買車是不可能的。與朋友們在一起的時候，他總是說：「要是有一部車該多好啊！」眼中充滿了無限嚮往。有人逗他說：「你去買樂透吧，中了獎就有車了！」

　　於是他買了兩塊錢的彩券。可能是上天優待於他，羅森憑著兩塊錢的一張運動彩券，果真抽中了個大獎。

　　羅森終於如願以償，他用獎金買了一輛車，整天開著車兜風，夜總會也去得少了，人們經常看見他吹著口哨在林蔭道上行駛，車也總是擦得一塵不染的。

　　然而有一天，羅森把車停在樓下，半小時後下樓時，發現車被偷了。

　　朋友們得知訊息，想到他那麼愛車如命，幾萬塊錢買的車眨眼工夫就沒了，都擔心他受不了這個打擊，便相約來安慰他：「羅森，車丟了，你千萬不要太悲傷啊！」

　　羅森大笑起來，說道：「嘿，我為什麼要悲傷啊？」

　　朋友們疑惑地互相望著。

　　「如果你們誰不小心丟了兩塊錢，會悲傷嗎？」羅森接著說。

　　「當然不會！」有人說。

　　「是啊，我丟的就是兩塊錢啊！」羅森笑道。

　　換一個角度，就能得到快樂。生活當中，有時候感到煩惱四起，或是人事紛紜擾攘，或是工作困難辛苦，等等，身心總是不能安頓自在。我們應該如何生存呢？有四點意見提供：

　　第一，在工作中養息：每個人都要工作，如果你覺得工作是在度日子，工作是為了別人而做，工作只是混一口飯吃，那你可就辛苦了。假如你覺得工作與自己很有關係，在工作中能發揮興趣，在工作中能展現價值，那麼工作不僅不會給你壓力，不是一種負擔，而且可以轉換心境、可以養息。

　　第二，在煩惱中安然：人難免會有一些煩惱，惠能大師說：「惠能沒伎倆，不斷百思想，對境心數起，菩提作麼長。」面對生活中的一切，能像惠能大師一樣「不斷百思想」，「兵來

將擋、水來土掩」，就可以不怕煩惱起。你能夠在煩惱裡面有定力，不為其左右、打倒，那麼你就能安然自得。

第三，在複雜中單純：人的思維很複雜，事情的瑣碎繁重也很煩人，不過你可以化繁為簡，在複雜中把它單純化。能幹的人，複雜的事他可以把它單純化；不能幹的人，常常把單純的事情複雜化。

第四，在不悅中自在：日常生活中，有時候難免有一些人事、境界令人不喜歡，如果你在不喜歡時還能自在，就表示你本身內心有力量。東漢大臣劉寬的侍女不小心把熱湯潑在他的身上，劉寬卻問侍女燙傷了沒有，能有這種從容的風度、寬和的肚量，就會幫助我們在不悅中保持自在的心情。

目標名言

在這個世界上想有所成就的話，我們需要的是豁達大度，心胸開闊。我一向主張做人要寬宏大量，通情達理。

—— 美國作家辛克萊·路易斯（Sinclair Lewis）

小測試一：
生活感受測試

　　請在以下這些涉及人們對生活不同感受的陳述中做出同意與否的選擇，如果不能確定，就在「？」下打勾。

　　幸福測試題：

1. ＊當我年齡增加時，我發現事情似乎要比原先想像得好。是 否？

2. ＊與我認識的多數人相比，我更好地把握了生活中的機遇。是 否？

3. 現在是我一生中最沉悶的時期。是 否？

4. 回顧以往，我有許多想得到的東西均未得到。是 否？

5. 我的生活原本應該有更好的時光。是 否？

6. ＊即使能改變我的過去，我也不願有所改變。是 否？

7. 我所做的事多半是令人厭煩和單調乏味的。是 否？

8. ＊我猜想最近能遇到一些有趣而令人愉快的事。是 否？

9. ＊我現在做的事和以前一樣有意思。是 否？

10. 我感到自己老了，有些累了。是 否？

11. ＊回首往事，我相當滿足。是 否？

12. 與同齡人相比，我曾做出過更多的愚蠢決定。是 否？

13. ＊現在是我一生中最美好的時光。是 否？

14. * 我感到自己確實老了，但我並不為此感到煩惱。是 否？

15. * 與同齡人相比，我的外表更年輕。是 否？

16. * 我已經為一個月甚至一年後該做的事制定了計畫。是 否？

17. 與其他人相比，我慘遭的失敗次數太多了。是 否？

18. * 我在生活中得到了相當多我所期望的東西。是 否？

19. 不管人們怎麼說，許多普通人是越過越糟，而不是越過越好。是 否？

20. 我現在和年少時一樣幸福。是 否？

得分方法：

帶 * 號的題目，如果答「是」得 2 分，答「？」得 1 分，答「否」得 0 分；反之，不帶 * 號的題目，如果答「是」得 0 分，答「？」得 1 分，答「否」得 2 分。將各題得分累加，算出自己的總得分。

測試答案：

0 ～ 7 分：你的生活滿意度極差，在生活中你無法獲得幸福感，你很有必要找個思想成熟的人或心理專家為自己把把脈，重新勾畫和設計一下自己的生活藍圖，調整一下自己的生活方式，以期讓日子過得感覺好起來。

8 ～ 15 分：你的生活幸福感較差，日子過得不怎麼樣，這讓你容易沮喪，情緒低落。你不妨檢討一下自己的觀念，看看

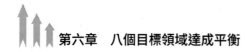

是不是目標太高，過分追求完美，或是自卑感什麼的讓你日子難過。變變想法，也許感覺會有改變。

　　16～34分：你的生活狀態一般，有喜有憂的日子使得你和多數人一樣。

　　35～40分：你有相當高的生活滿意度指數。你不一定就是富人或有地位的人，但你的心態很好，一個人能感到幸福是件不容易的事，在這裡我們只能向你表示祝賀，並希望你永遠幸福。

小測試二：
選杯子知你人生夢想

如果你打算選購一個漂亮的杯子，在多種顏色當中，你會選哪一種呢？

A. 綠色

B. 黃色

C. 黑色

D. 白色

測試答案：

選 A 的人：在團體裡，你總是最愛講話、最愛表現、最愛管閒事，這都是源於你天生愛秀的細胞，你希望自己將來能成為名人，不管是明星、政治人物、企業大亨都行，目標是具有家喻戶曉的知名度。

選 B 的人：如果有人可以給你一輩子都用不完的錢，不管他要你做什麼，你都會咬著牙去做，因為你覺得人生沒有錢就萬萬不能，不但沒有安全感，也不可能得到快樂，希望自己未來成為億萬富翁。

選 C 的人：你追求的是權力和地位，覺得名比利重要，你會為了自己的理想和成就感答應去做一件很高難度的事，大家的掌聲對你來說是所有動力的來源，你希望別人都可以受你指揮。

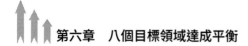

　　選 D 的人：你是時下抗老祕方的超級愛用者，只要是能讓你長生不老的方法，不論危險率有多高，你都會親身體驗，不喜歡面對自己日漸老化的感覺，你覺得不能青春永駐，還不如死了算了。

練習目標：
個人價值觀探索

請仔細閱讀以下 21 種個人價值觀，參考每項價值觀的具體說明，根據其對你的重要程度進行排序。如果你有時間，可以把它們寫在 21 張小卡片上，然後再進行排序。從中選出你最在乎的 5 項價值觀，這樣你將對自己的個人價值觀有更深入的認識和了解，你也將初步確認自己究竟想要「什麼」。

⇒ 成就：成功；透過決心、堅持和努力而達到的結果。對「成就」一詞的定義是：「獲得成功的結果，達到預定的目標」。

⇒ 審美：為了美而欣賞、享受美。

⇒ 利他：關心別人，為別人的利益獻身。

⇒ 自主：能夠獨立做出決定的能力。

⇒ 創造性：產生新思想及革命性的設計。

⇒ 情緒健康：能夠克制焦慮的情緒，有效阻止壞脾氣的產生；思緒平靜，內心感覺安全。

⇒ 健康：生命存在的條件，沒有疾病和痛苦，身體總體條件良好。

⇒ 誠實：公正或正直的行為，忠誠、高尚的品格或行為。

⇒ 正義：無偏見，公平、正直；遵從真理、事實和理性；公平地對待他人。

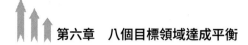

⇒知識：為了滿足好奇心、運用知識或滿足求知慾而尋求真
　理、資訊或原則。

⇒愛：建立在欽佩、仁慈基礎上的感情。溫暖的依戀、熱情、
　獻身；無私奉獻，忠誠地接納他人，謀求對他人的益處。

⇒忠誠：效忠於個人、團體、組織或黨。

⇒道德：相信並遵守道德標準。

⇒身體外觀：關心自己的容貌。

⇒愉悅：是一種愜意的感覺，是伴隨著對美好事物的期待和
　對偉大願望的擁有而產生的滿足和喜悅。愉悅不在於表面
　上的高興，而更在於內心。

⇒權力：擁有支配權、權威或對組織和他人的影響。

⇒認可：由於他人的回饋而感到自己很重要、很有價值；得
　到特別的關注。

⇒宗教信仰：與神的交流，服從神，代表神行動。

⇒技能：樂於有效使用知識、完成工作的能力；具有專門
　技術。

⇒財富：擁有大量的物質財富；富足。

⇒智慧：具有洞察內在品質和關係的能力；洞察力，智慧、
　判斷力。

價值觀澄清七步驟：

針對你所選擇的價值觀，如實回答以下幾個問題：

1. 你是否是自主地選擇了這項價值——也就是說從來沒有任何人和任何方面把它強加給你？

說明：＿＿＿＿＿＿＿＿＿＿＿＿＿＿＿＿＿

2. 它是你從眾多的價值觀中挑選出來的嗎？

說明：＿＿＿＿＿＿＿＿＿＿＿＿＿＿＿＿＿

3. 它是你在思考了所做選擇的結果或後果後被挑選出來的嗎？

說明：＿＿＿＿＿＿＿＿＿＿＿＿＿＿＿＿＿

它是一個讓你如何珍視的價值觀：

4. 你是否為你選擇的這一價值觀而感到驕傲（珍視、愛護）？

說明：＿＿＿＿＿＿＿＿＿＿＿＿＿＿＿＿＿

5. 你是否願意公開地向其他人宣告你的選擇—也就是說，在別人面前公開地為它辯護？

說明：＿＿＿＿＿＿＿＿＿＿＿＿＿＿＿＿＿

你能按照如下方式實踐你的價值觀嗎？

6. 你是否能做一些與你選擇的價值觀有關的事情？請舉例說明。

說明：＿＿＿＿＿＿＿＿＿＿＿＿＿＿＿＿＿

7. 你是否能與你的價值觀保持一致的行為模式？請舉例說明。

說明：＿＿＿＿＿＿＿＿＿＿＿＿＿＿＿＿＿

第七章
現在開始，「90 天」改變你的人生

　　「90 天」改變你的人生，這不是什麼噱頭。每天 60 分鐘，你會很驚奇地發現，按方法一步一步去做，每天都會有驚人的改變，你會不斷增強正面的神經鏈，更加正面積極地思考。完全的自信，樂觀的情緒，健康的體魄，讓你快速成為各種人生挑戰中的贏家，獲取最大的人生成就！

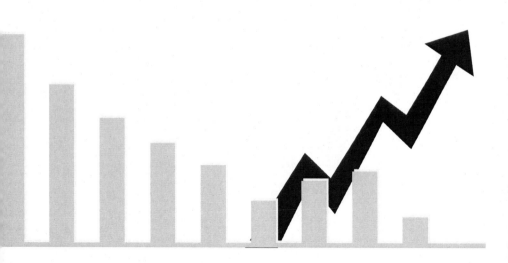

改掉那些阻礙目標實現的壞習慣

習慣就像是飛馳的列車，慣性使人無法止步。習慣是一點一滴、無數重複的行為動作養成的。習慣的影響力非常巨大，它不但影響了我們面對人和事物的心態，也影響我們的想法，更決定了我們一生的命運。

也許過去，你對於自己的行為，沒怎麼在意。對於成敗，常常歸結於自己運氣不佳，而從來不去考慮為什麼會失敗。事實上，成功與否和自己的行為習慣有很大的關係。人本來就是一種習慣性的動物，無論我們是否願意，習慣總是無孔不人，滲透在我們生活和工作的方方面面。

有一段時期，尚保羅蓋提抽菸抽得很凶。一天，他去法國度假的途中，在一個小旅館投宿。尚保羅蓋提實在是累極了，吃過晚飯，他就回到自己的房間裡，睡著了。但是清晨時分尚保羅蓋提突然醒了過來，他很想抽支菸，於是他就開啟了燈，很自然地伸手去摸他一般都會放在床頭的菸，但是沒有。他下了床，到衣服的口袋裡去找，也沒有。於是他又在行李袋裡找，結果他又一次失望了。他知道這個時候旅館的酒吧和餐廳早就關門了。他想，這個時候把不耐煩的門房叫過來，實在是不可能。現在他唯一能得到香菸的方法就是穿好衣服，到火車站去，但是那還在 6 條街之外。

看來情形並不樂觀，外面還下著雨。他的汽車也停在離旅

館還有一段距離的停車場裡。而且，在他住店的時候，別人也提醒過他了，停車場的門是午夜關，第二天早上 6 點才開門，現在能叫到計程車的機率也相當於零。

顯然，要是他真的迫切地需要一支菸，那麼他只能在雨裡走到黑暗中。抽菸的慾望不斷地折磨著他。於是，他下了床，脫下睡衣，穿好衣服，準備出去。正在他伸手拿雨衣的時候，他突然笑了起來，笑自己傻。

他突然覺得，自己的行為多荒唐可笑。

尚保羅蓋提生平第一次注意到，自己現在已經養成了一個壞習慣，那就是為了一個不良的嗜好而放棄美好的睡眠。看來，這個習慣對他並沒有什麼好處，於是，他的頭腦立刻就清醒了過來，很快他就做出了決定，走到桌子旁邊把那個菸盒揉起來扔出去，然後重新換上睡衣，回到舒服的床上。心裡懷著一種解脫，甚至是一種勝利的感覺，很滿足地關上燈，閉上了眼睛。在窗外的雨聲裡，他進入了一個從來沒有過的深沉的睡眠。自從那個晚上之後，他再也沒抽過一支菸，也再沒有想過要抽菸。

在工作中，很多時候也常常是習慣造就工作效率。如有的人在做事的時候，總喜歡拖拖拉拉，把工作放到最後來趕著做。萬一有時候事情多了，常會忙得不可開交，甚至完成不了任務。而有的人習慣就很好，一步一個腳印地踏踏實實做事，常常把工作進度超前，而不是拖到最後才來做，所以對於這一

類人，我們也可以發現他們做事總是有條不紊。有的人做事很粗心，而有的人很仔細；有的人做事很有毅力，而有的卻常言放棄。總而言之，習慣的力量對我們的影響非常大。

在工作當中，有些壞習慣會成為你實現目標的障礙。下面是六種常見的壞習慣，雖然它們不像酗酒和吸毒具有那麼明顯的破壞性，但絕對會阻礙你取得事業的成功。

1. 辦事拖拉

在現代社會，準時與工作品質具有同等的重要性。

2. 準備不足

你所賣的東西一定就是人家想買的嗎？除非你詳盡調查市場，否則那種思維只會帶來失敗。一幅精美的油畫算是個工藝品，掛在室內想必也不錯，不過倘若你的顧客對油畫沒什麼愛好，就別總是提起它了。

3. 不能堅持到底

很多的時候我們可以聽到團隊的領導人在談論，儘管每次培訓講的東西很好，但是團隊成員真正去做的卻是少數。記住：堅持會贏得成功。

4. 不吸取教訓

成功人士之所以成功，不在於他們比其他人犯的錯誤更少，而在於他們不重複過去的錯誤。從錯誤中學到的東西常比成功教我們的更多，犯了錯卻不吸取教訓，白白放棄如此寶貴

的受教育機會實在可惜。在你從錯誤中學習之前，你必須承認犯錯，不幸的是許多人拒絕認錯。

5. 有能力，無魅力

隨著年齡的增加，人們更喜歡和有一定能力且平易近人的人交往，而不是那些頭腦聰明卻不可一世的人。魅力要求人保持平和，而非教人溜鬚拍馬。

6. 不切實際的幻想

當分不清理想和現實的區別時，失敗的陷阱差不多就布好了，要根據自己的情況設定合理的目標。

> **目標名言**
>
> 人生是一場無休、無歇、無情的戰鬥，凡是要做個能稱為人的人，都得時時向無形的敵人作戰。
>
> —— 法國人道主義作家羅曼·羅蘭

90 天，足夠你養成良好的習慣

習慣是指從環境中成長出來的，以相同的方式，一而再、再而三地從事相同的事情，不斷重複，不斷思考同樣的事情，而且，當習慣一旦養成之後，它就像在模型中硬化了的水泥，很難打破了。

一位沒有繼承人的富豪死後將自己的一大筆遺產贈送給遠房的一位親戚，這位親戚是一個常年靠乞討為生的乞丐。這名接受遺產的乞丐身價一變，成了百萬富翁。新聞記者便來採訪這名幸運的乞丐：「你繼承了遺產之後，你想做的第一件事是什麼？」乞丐回答說：「我要買一個好一點的碗和一根結實的木棍，這樣我以後出去討飯時方便一些。」

可見，習慣對我們有著絕對的影響，它在不知不覺中，長年累月地影響著我們的行為，影響著我們的效率，左右著我們的成敗。

其實，習慣最開始的養成就有如紡紗，一開始只是一條細細的絲線，隨著我們不斷地重複相同的行為，就好像在原來那條絲線上不斷纏上一條又一條絲線，最後它便成了一條粗繩，把我們的思想和行為纏得死死的。

一個人一天的行為中，大約只有 5% 是屬於非習慣性的，而剩下的 95% 的行為都是習慣性的。根據行為心理學的研究結果：3 週以上的重複會形成習慣；3 個月以上的重複會形成穩

定的習慣，即同一個動作，重複 3 個月就會變成習慣性動作，形成穩定的習慣。

習慣的形成大致分成三個階段：

第一階段「習慣發動期」，是頭 1 ～ 7 天，這個階段的特徵是「刻意，難過」。你需要十分刻意地提醒自己去改變，而你也會覺得非常難過、不舒服，非常想回到原來的舊習慣。

第二階段「習慣成長期」，是 7 ～ 21 天，這一階段的特徵是「刻意，不難過」，你已經覺得比較自然、比較舒服了，但是一不留意，你還會回到從前，因此，你還需要刻意地提醒自己改變。

第三階段「習慣維護期」，是 21 ～ 90 天，這個階段的特徵是「不經意，自然」，不過這時還需要精心的維護。一旦走過這個階段，你就已經完成了自我改造。

此後就是「習慣自然期」了，是 90 天以後，此時這個習慣已成為你生命中的一個有機組成部分，它會自然而然地不停為你「效勞」。

目標名言

偉大的人物都走過了荒沙大漠，才登上光榮的高峰。

—— 法國小說家巴爾札克（Honore de Balzac）

提高工作效率的九大方法

蕭伯納曾說過，「人生的真正意義是致力於一個自己認為是偉大的目標。有了目標才有向目標奮進的能力，才有為實現目標而百折不撓的毅力和超人智慧，才有向目標一步步靠近的喜悅。」現在我們需要做的就是用自己的實際行動去實現自己的目標。在努力的過程中不要去抱怨什麼，不要中途退卻。許多人能成功，只是在於他們多堅持了一段時間，可能是一天，一個月，一年……

那麼，我們為何對工作效率如此上心呢？這可能是因為在這個數位時代，完成工作任務並避免分心比你實際的工作更有難度。不用說，高效工作的一天會讓人感覺心情舒暢。透過培養以下習慣，你可為提高工作效率留出空間：

1. 列清單

一切從列清單開始。如果你沒有待辦事項清單，建立一個。如果你前一晚只是大致列了個清單，你坐下的第一件事就是增強這個清單，新增一些緊要的事項。

2. 說做就做

完成一些小事項會讓你感覺更加有效率。這些小事項能夠很快很容易地完成。完成這些，然後用螢光筆將它們從清單中醒目地劃掉。

3. 增加休息次數

連續幾個小時工作下來，你的腦袋開始痛了，這是你需要休息的訊號。因為你的大腦已經耗盡了葡萄糖，你要給自己片刻時間恢復精力。你可以到外面短暫散步，去吃午餐或小吃，或者只是養會神。你會精力充沛地回到工作，並準備好以更高效率投入工作。

4. 遵循 80 / 20 法則

每天，你取得的 80% 的成果來自於你所做的僅僅 20% 的工作。在你的工作日中排除掉那些無關緊要的事情 —— 它們對整體工作效率的影響微乎其微。例如，將你下一個專案細分成多個步驟，系統性地移除不必要的任務，直至達到 80 / 20 法則。

5. 在午餐前處理具有挑戰性的任務

在你大腦非常清醒的時候對付最艱鉅的工作，並為這段時間留出一些工作。當這個時間來臨時，關上門，只留下你和你的工作。

6. 批次工作

把你要發的郵件放在一起發，要打的電話放在一起打，每天縮減成三至四批。這樣可以讓你免受簡短的郵件或是電話的打擾。

例如，如果你收到一封傳送給多人的郵件，那麼幫大家一個忙，回覆時請用密件的方式。如果你的電子郵件要一級一級回覆，那麼是時候拿起電話了。

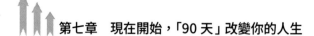

7. 建立一個系統

多年來，你可能已經形成了一些會毀掉工作效率的習慣。建立一個系統，控制讓你分心的事情。對於你們當中那些不由自主要去檢視電子郵件的人來說，制定一個上午、下午、傍晚的時間段規劃，對你的收件夾匣進行管理。不然的話，你全天都無法專心完成更為重要的工作。

8. 不要讓懶惰消磨掉工作效率

雖然沒人願意承認，但懶惰是造成工作效率低下的頭號原因。事實上，很多被稱為省時的方法——以會議和電子郵件為例——實際上只不過是為了避免做事。將你的精力放在最緊要的事情上，盡可能高效地完成這些工作。

9. 重新列清單

有時候你不能完成你待辦事項清單中的所有事情，這也沒關係，把它們放在明天的清單中，並加個星號標記下來，這樣它們就不會再次被移到下一天做。

在一天的最後，你將會對你明天要做的事情有一個粗略的概念，把它們列出來。明天當你醒來時，你就不太可能忘記了。

目標名言

要找出時間來思考一下，一天中做了什麼，是正號還是負號；假如是正號很好；假如是負號，那就採取措施。

—— 保加利亞共產黨領袖季米特洛夫（Georgi Dimitrov）

穩定的家庭是基礎，如何讓你的家庭更加和諧

人生是漫長的，又是短暫的。一個有抱負、有理想的人應該怎樣去演繹人生的篇章？對於這樣一個話題，多少先人賢士都曾經進行過探索和追求。

一些年輕人信奉事業第一、家庭第二，只要是為了事業，所有的事情都要讓步，認為這樣才可以成就一番事業。這裡提倡的，永遠是家庭第一，事業第二。

家庭作為社會中最小的一個細胞，是個最基本的單位。只有每一個家庭富足、穩定、幸福，這個社會才可以富足、穩定和幸福。

美國《百萬富翁的故事》歸納了百萬富翁經濟成功的五個因素：

第一個因素是正直，永遠做正直的人，永遠做正確的事，正直的核心是誠實。

第二個因素是有教養，最重要的就是他的自控和自律的能力。

第三個因素是社交能力，也就是他的人際交往的能力。一個真正的經濟上的和事業上的成功者，一定是一個人際交往的高手。有一種說法：80%的人際，加上20%的智商，等於成功。

第四個因素就是有配偶的支持。就是他有一個非常堅強的另一半在默默地幫助他。真正的夫妻可以心心相印地在一起奮鬥，一加一的力量不是二，是十一倍以上的力量。

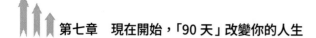
　　第五個因素就是努力工作。如果你想超越你心目中的成功者，很簡單，就是三個辦法：第一是研究他；第二是咬住他，他做什麼你做什麼；

　　第三就是你比他做得更多。

　　任何成功都不能抵消家庭的失敗。修身、齊家、平天下，這是個順序，前一個是後一個的必要條件。修身是個人成功，平天下是社會成功，齊家則是家庭成功。但是齊家往往被忽視。沒有家庭的成功，個人成功、社會成功往往顯得蒼白無力，意義頓減。

　　很多人組建家庭後，忙於工作和社會交際，忽視雙方溝通，結果是兩人漸行漸遠，不得不以分手收場。現在這麼高的離婚率，朋友中有那麼多家庭破裂，真是怵目驚心。值得注意的是，這些人大都看上去很成功，社會、經濟地位很高，或許這也是經濟發展的代價之一。相反，離婚率在 50％左右的美國人，倒越來越重視家庭價值，如果想推辭某件事，沒有什麼比家庭理由更正當的了。越來越多的美國人意識到，離開了家庭成功，賺多少錢，做到再高的位置都是白費力氣。

目標名言

　　一個正在順著生活規律挺進的青年，首先應注意自己的才能和願望與事業相衡。

　　── 英國文藝復興時期散作家、哲學家培根（Francis Bacon）

小技巧助你培養和完善個性

從前有三兄弟想知道自己的命運，於是他們便去找智者，智者聽了他們的來意後說：在遙遠的天竺大國寺裡，有一顆價值連城的夜明珠，如果叫你們去取，你們會怎麼做呢？

大哥首先說：「我生性淡泊，夜明珠在我眼裡只不過是一顆普通的珠子，所以我不會前往。」

二弟挺著胸脯說：「不管有多大的艱難險阻，我一定把夜明珠取回來。」

三弟則愁眉苦臉地說：「去天竺國路途遙遠，諸多風險，恐怕還沒取到夜明珠，人就沒命了。」

聽完他們的回答，智者微笑著說：「你們的命運很明曉了。大哥生性淡泊，不求名利，將來自難以榮華富貴。但也正由於自己的淡泊，他會在無形中得到許多人的幫助和照顧。二弟性格堅定果斷，意志剛強，不懼困難，預卜你的命運前途無量，也許會成大器。三弟性格懦弱膽怯，遇事猶豫不決，恐怕你命中注定難成大事。」

的確，人的性格在一定程度上決定了成敗。印度古諺云：播種行為，收穫習慣；播種習慣，收穫性格；播種性格，收穫命運。中國古人也曾說過：積行成習，積習成性，積性成命。這些都指出了性格的重要。不同的性格決定了不同的命運。但

是，命運是可以改變的，只要鍛造了堅強的性格，勇於面對困難，加以不斷努力，你就可以成功。

如果你已經形成了某種不良的性格特徵，例如懶惰、孤僻、自卑、膽小等，那就要下決心改變自己。人的性格雖有一定的穩定性，但它又是可變的，只要自己下決心去改，是能產生明顯效果的，懶漢可以成為勤奮者，悲觀失望的人也可以成為生機勃勃的人。

很多人能夠認識到自己的性格缺陷，但是未必知道如何去優化性格。

一位內向的人，如果給自己增添一點浪漫、瀟灑情調就會更加完美；同樣，一位外向的人能培養一點耐心、細緻也會使個性變得更加圓滿，這就是個性完善的效果。每一位社會人都有自我完善的人生任務。我們該怎樣完善自己的個性，從哪幾個方面注意呢？

首先，要了解自己的個性優勢。一般來說個性特徵沒有什麼好壞之分，只是要看在什麼區域、什麼環境、什麼職業、什麼場合表現出來。如從事行銷工作，性格外向、熱情奔放、優雅大方、人際交往技巧嫻熟等即為優勢。如在高山氣象臺工作，性格溫和、能固守孤寂、認真負責、耐心細緻則是必備的個性特徵。因此，熟悉自己的個性特徵，保持和培養其優秀特質，注意與職業、環境、個人社會角色相匹配相當重要。

其次，要了解自己的個性劣勢。了解個性劣勢並加以改造

是終生的任務。通常講「江山易改，本性難移」，這揭示了個性的東西是很難改變的。

然而，事在人為，沒有塑造不了的個性，只是必須下定決心不斷努力，持之以恆才能見效。曾國藩在自己的性格改變上花了大力氣，且卓有成效，熟悉他的人都認為年輕的和年老的曾國藩判若兩人。名人能做到，常人也可為。有一位教師脾氣暴躁、遇事愛衝動、常發無名火，他徹悟了自己的個性缺點後，制定了改造計畫，多年後有了很大改變，成為一位神態溫和、和藹可親、受學生歡迎的教師。

最後，以他人為鑑。人類在其社會化的過程中都會以自己的親屬、同事、同學、同鄉為鏡子，不斷形成自己的個性特徵。一方面吸收他人性格、能力、氣質的優秀之處，接受他人世界觀、人生觀、價值觀的影響，在潛移默化中鑄造自己的個性心理。如不同地區的人文關係特徵、不同產業的習俗、不同年齡段的心理特徵等，都是相互影響、相互感染的結果。

另一方面當自己心理受到挫折後，常常會接受親朋好友、同事、上級主管的勸告或開導，從而達到改變認知結構、調整自己、完善個性的目的。

目標名言

從不獲勝的人很少失敗，從不攀登的人很少跌跤。

—— 美國詩人惠蒂埃（John Whittier）

小測試一:
習慣可以知道一個人

從某些小動作與習慣可以知道一個人的個性,就以吃薄餅或漢堡、甚至叉燒包為例,如何開始吃第一口,就可以看出來你的個性。一般來說,吃法可以分為三種,你是哪一種呢?

A. 先吃邊緣

B. 咬一大口

C. 把麵皮或餅拆開一半才吃第一口

測試答案:

A. 細細咬,慢慢嚼,你是個小心謹慎的人,處事鎮定,就算在緊急關頭也不慌不忙,平日做事很有條理,連房間書桌也井井有條,也懂得循序漸進的道理。然而,有不足之處,即凡事太過於考慮,以致有拖延進度的情形出現,同時很容易迷上某些事物。

B. 你是個不拘小節,有點近乎豪爽的性格,小事情更加毫不在乎,很有膽量,是個行動型的人物,好勝心強,有自信,不大理會別人的意見,自以為對就馬上實行。這種人的缺點是過分衝動,卻往往到頭來吃虧的是自己,應改善一下,盡量聽取別人意見。

C. 你是個認真的人,做事態度不錯,往往要慎重考慮才行動。即使心裡很喜歡某些東西,也不會急於去獲取,凡事尊重別人意見,要對方表示才敢行動,不過過分客氣,可能經常會被人占了便宜。

小測試二：
測試你工作效率的高低

星期天你邀請親朋好友來家裡吃飯，最可能出現以下哪種狀況？

A. 為了節省時間，快速地烹製一些家常菜

B. 為了做幾道自己的拿手好菜，延誤了開飯時間

C. 因為忘記煮白飯，只好出去買方便食品

D. 鹽用完了，讓最先到來的客人幫你去買

測試答案：

A. 把握時間型。你做得相當不錯。溫馨提示：我們不能苛求別人與自己一樣講究高效率，在工作之餘，要盡可能盡情地放鬆自己。

B. 完美主義者。凡事追求盡善盡美，時間觀念差，把大量的時間浪費在細枝末節上。溫馨提示：注意節省時間，想方設法提高工作效率。依照每件事的重要程度合理分配時間。

C. 迷糊型。經常不能有始有終地完成計畫，因為你從來不知道做一件事要耗費多少時間。溫馨提示：買兩本桌曆，放在醒目位置。一本用於日常生活，一本用於工作。

D. 緊張刺激型。做事總是丟三落四，慌慌張張，沒有條理性。溫馨提示：凡事比原計畫提前一些開始行動，這樣才可以從容應對突發事件。

練習目標：
30 天改善計畫

　　請利用下面的「30 天改善計畫」來自我衡量一下。你可以在橫線上填入你一個月以內必須做到的事情，一個月以後再檢查一下進度，並重新建立目標。請你經常留意那些小事情，以便充實你承擔大事的能力條件與實力。

　　從現在開始給自己制定一個 30 天的改善計畫，內容如下：

（一）改掉這些習慣（建議自己舉例）

　1. 不按時完成各種事情；

　2. 負面消極的詞句；

　3. 每天看電視超過 60 分鐘；

　4. 無意義的閒聊；

　5. 常做一些不切實際的痴心妄想；

　6. 不自覺地經常沉浸在過去的榮耀之中或是沉湎於往昔的痛苦中怨天尤人等。

（二）養成這些習慣

　1. 每天早上出門前檢查自己的儀表；

　2. 每一天的工作都在前一天晚上就計劃好；

　3. 任何場合盡量讚美別人；

　4. 不與無所事事或不務正業的人久處等。

（三）用以下辦法來增加工作效率

1. 盡量發覺部屬的工作能力與潛力；

2. 進一步學習公司的業務，如公司的業務有哪些？客戶又是哪些人？每一種業務的重點在哪裡？如何指導部屬的業務能力提升等；

3. 提出三項改善公司業務的建議。

（四）用這些方法來增進家庭的和諧

1. 對太太（丈夫）為我所做的小事情表示更大的謝意，不可像往常一樣認為理所當然；

2. 每週一次帶家人做一些特殊的活動（如遊玩、逛街、參觀展覽或是走訪親戚朋友等）；

3. 每週固定抽出一小時跟家人快樂相處。

（五）用下面的方法來修養個性

1. 每週花兩個小時閱讀本業的專業雜誌；

2. 閱讀一本勵志書籍；

3. 結交四個新朋友；

4. 每天靜靜思考 30 分鐘。

第八章
執行目標絕不打折

　　要實現目標，最重要的一個因素是具有強大、高效的執行力。執行是將目標進行分解、逐個落實的過程，沒有好的執行，再完美的目標也是空中樓閣。

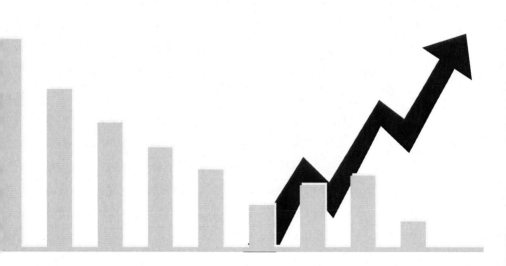

沒有執行力，就沒有競爭力

大家知道為什麼鴻海集團董事長郭台銘，能從三重一家小小的專門製造黑白電視機旋鈕的工廠起家，做到臺灣第一大民營製造業，甚至超越積體電路教父張忠謀、筆記型電腦之王林百里嗎？答案就是超越常人的執行力！

一手建造鴻海帝國霸業的郭台銘，隨身帶個小鬧鐘，他剖析自己最大的缺點，就是沒有耐心，看不得年輕人不上進，看不得事情沒效率。個性十萬火急的郭台銘，可以三天不睡覺把貨趕出來，也可以直接衝到生產線，連續六個月守在機器旁，硬是盯著磨出技術。正是這種強大的執行力，成就了他的企業帝國。

沒有執行力就沒有競爭力。執行力是區分平庸與卓越的重要差異。可是你們是否知道，執行力來自哪裡？

對我們奮鬥在生產線的職員來說，我們就是一枚螺絲釘，不起眼，但是很重要。我們一點點組成了企業這個龐大的機器。大家想像一下，如果一臺機器，每個零件都運轉正常，那麼，效率自然高。如果有的零件損壞了，哪怕只有一個地方，機器每運轉到這裡就要卡住一下，效率怎麼能高呢？只要我們每個人都充分發揮自己的執行力，企業自然能做大做強。那麼我們該如何提升自身的執行力呢？

1. 一個優秀的員工從不在遇到困難時尋找任何藉口，而是努力尋求辦法解決問題，從而出色完成任務。要提升執行力，就必須學會在遇到阻礙時不找藉口而是積極地尋求解決問題的方法。

2. 摒棄囫圇吞棗式的盲目執行。對上級精神教條式地執行，這不是真正在執行上級精神，而是對上級精神的消極敷衍。

3. 避免老套陳舊的執行方式。不少員工還是習慣於用開會、發信、寫報告的辦法抓工作，似乎工作就是開會，發信就是工作，寫報告就是工作效果，有的甚至錯誤地認為用會議、發信形式安排、督促工作，顯得規範、正統，具有權威性。在這樣的思想支配下，自覺不自覺地把開會、發信、寫報告結當成推動工作的「萬能鑰匙」，這導致個別基層部門工作不踏實，只會做表面文章。

4. 執行需要培養自己的自覺習慣，摒棄惰性。觀念決定行為，行為形成習慣，而習慣左右著我們的成敗。在工作中常有的狀況就是：面對某項工作，反正也不著急，我先拖著再說，等到了非做不可甚至是上級追討的地步才去做。一旦習慣成了自然，就變成了一種拖拉辦事的工作風格，這其實是一種執行力差的表現。執行力的提升需要我們改變心態，形成習慣，把等待被動的心態轉變為主動的心態，面對任何工作把執行變為自發自覺的行動。

5. 執行需要加強過程控制，要跟進、跟進、再跟進。有時一個任務的完成會出現前鬆後緊或前緊後鬆的情況，這主要是工作過程未管理控制所造成的。而行之有效的方法就是每項工作都制定進度安排，確定到哪天需要完成什麼工作，在什麼時間會有階段性或突破性的工作成果，同時要自己檢查計畫實施的進度，久而久之，執行力也就會得到有效的提升。

6. 執行更需要團隊精神。大家都聽過三個和尚喝水的故事：當廟裡有一個和尚時，他一切自己做主，挑水喝；當廟裡有兩個和尚時，他們透過協商可以自覺地進行分工合作，抬水喝；可當廟裡來了第三個和尚時，問題就出現了，誰也不服誰，誰也不願意做，其結果就是大家都沒水喝。這則寓言使我們認識到團結的重要性，在完成一項任務時，缺乏團隊合作的結果是失敗。每個人都不是一座孤島，在做工作時，需要相互合作、相互幫助、相互提醒，這樣才能不斷提升自己完成任務的能力。

目標名言

一個人失敗的原因，在於本身性格的缺點，與環境無關。
—— 英國作家毛佛魯

隨便找藉口，成功沒入口

「沒有任何藉口」，被譽為美國西點軍校 200 年來奉行的最重要的行為準則。它強調的是每一位學員要想盡辦法去完成任何一項任務，而不是為沒有完成任務去尋找藉口，哪怕是看似合理的藉口。它展現的是一種完美的執行能力，一種忠誠負責的態度，一種敬業服從的精神。

儘管，藉口有時可輕而易舉地幫我們矇混過關，暫時逃脫違反某種制度和規則的懲罰，但是，藉口也常常使我們不思進取，久而久之，尋找甚至編造託詞的技巧也便成為一個人能力的一部分，因為它可以使我們暫時逃避困難和責任，獲得些許心理的慰藉。但是什麼是藉口呢？費拉爾‧凱普（Ferrar Cape）告訴我們，藉口是拖延的溫床，尋找藉口是推卸責任的表現，是轉嫁責任的方式，其目的無非就是為自己製造一個安全的角落，掩飾過失或無力執行。

200 年來，西點軍校為美國培養出了 3 位總統、5 位五星上將、3,700 多名將軍。同時，大批西點軍校的畢業生在企業界同樣獲得了非凡的成就。美國商業年鑑顯示，二戰以後，在世界 500 強企業中，有 1,000 多名董事長、2,000 多名副董事長、5,000 多名總經理、董事來自西點軍校。

西點的祕密何在？

畢業於西點軍校、曾任美國陸軍特種部隊指揮官、多家著

名公司獨立董事和職業培訓專家的費拉爾・凱普告訴我們,「沒有任何藉口」是西點軍校奉行的最重要的行為準則,是西點傳授給每一個學員的第一理念。在西點軍校裡,有一個廣為傳誦的悠久傳統,就是遇到軍官問話,只有四種回答:「報告長官,是!」、「報告長官,不是!」、「報告長官,不知道!」、「報告長官,沒有任何藉口!」除此之外,不能多說一個字。

在日常工作、學習、生活中,面臨困難、挫折和失敗時,許多人都習慣於抱怨上蒼的不公,時事的多變,命運的不濟,甚至找出種種主觀、客觀原因作為「擋箭牌」為自己開脫「罪責」,尋求一時的心理安慰和自我滿足,頗有飲鴆止渴的意味。豈不知,當我們一味地為自己的過錯和失誤等找藉口,就會誘發一種致命的潛意識心理暗示:我面臨的種種困境都是我克服不了的客觀因素引起的,進而就會失去戰勝困難與挫折的信心、勇氣、鬥志和毅力,影響和左右你的習慣行為,變得自暴自棄、得過且過,最終將蹉跎歲月、一事無成,與成功和幸福失之交臂。

不給自己找藉口,既是一種勇於承擔責任的展現,又是自我加壓尋求突破的自勵方式。責任源於興趣與熱愛,責任源於自強與自立。一個有責任心的人,不管他處在什麼樣的環境 —— 社會或家庭,充當什麼樣的角色 —— 職員或家長,做什麼樣的事情 —— 工作或撫養子女,都會積極主動,全力以赴,不遺餘力,全身心投入其中,追求最佳效果。相反,一個對工作沒有熱情、對工作沒有責任心的人,很難出色完成工作任務或創造性地做好工作,取得令人滿意的成效。

不給自己找藉口，既是一種忠於職守的品格，又是一種有效執行的展現。執行力是大局意識，也是責任意識。人常說「國有國法，家有家規，廠有廠紀」和「沒有規矩，不成方圓」。作為企業的一員，不折不扣地認真執行上級的決策部署，是天職，也是義務；自覺遵守規章制度是紀律，也是規則。執行力的高低，展現著工作作風的虛與實，決定著企業內部是否政令暢通、令行禁止，影響著工作效能的高與低，關乎企業能否維持和保障高效運轉的秩序。

一個成功的人，字典裡絕不會有「藉口」兩字，因為他們會堅毅地完成每一項任務，會果敢地為自己確立一個目標，然後不顧一切地去追求目標。我們想要獲得幸福的生活，唯一的途徑就是摒棄藉口，用決心、熱心、責任心去對待生活，百折不撓地挑戰，奮鬥、失敗、再奮鬥、再失敗……直到最終成功。

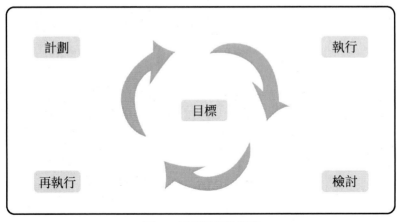

圖 8-1 目標執行的循環

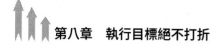

目標名言

　　任何職業都不簡單，如果只是一般地完成任務當然不太困難，但要真正事業有所成就，為社會做出貢獻，就不是那麼容易的了。所以，搞各行各業都需要樹立雄心大志，有了志氣，才會隨時提高標準來要求自己。

　　—— 學者、教育家、社會活動家、法學界的先導謝覺哉

拖延，一秒鐘都不可以

常常聽人說：「我知道今天該做這件事，但是今天我情緒不好、狀態不好、條件不好、這樣那樣不好，這件事肯定做不好，還是以後再說吧！」

於是他開始拖延，他把該做的事放在一邊，去做那些比較容易、比較有趣的事。成功大師卡內基說過：沒成功之前要做與成功有關的事情，成功之後才可以做自己喜歡的事！

「拖延等於死亡。」成功祕訣在於立刻行動，只有這樣才能站在時代潮流的前列，而很多人的習慣是一直拖延，直到時代超越了他們，結果就被甩到後面去了。成千上萬的人都擁有雄心壯志，為什麼很多人沒有如願以償，甚至在溫飽線上掙扎？原因就是大多數人一直在拖延行動。並不是不想行動，只是想過一段時間再開始，這樣一晃就是一生。

某天清晨，張三在上班途中，信誓旦旦地下定決心，一到辦公室即著手草擬明年度的部門預算。

他準時於九點整走進辦公室。但他並沒有立刻開始預算草擬工作，因為他突然想到不如先將辦公桌及辦公室整理一下，以便在進行重要的工作之前為自己提供一個乾淨與舒適的環境。他總共花了三十分鐘的時間，使辦公環境變得有條不紊。他雖然未能按原定計畫在九點鐘開始工作，但他絲毫不感到後悔，因為三十分鐘的清理工作不但已獲得顯而易見的成就，而

且它還有利於以後工作效率的提高。他面露得意神色隨手點了一支香菸，稍作休息。

此時，他無意中發現報紙上的彩圖照片是自己喜歡的一位明星，於是情不自禁地拿起報紙來。等他把報紙放回報架，時間又過了十分鐘。這時他略感不自在，因為他已自食諾言。不過報紙畢竟是精神食糧，也是重要的溝通媒體，身為企業的部門主管怎能不看報，何況上午不看報，下午或晚上也一樣要看。這樣一開脫，心也就放寬了。於是他正襟危坐地準備埋頭工作。

就在這個時候，電話聲響了，那是一位顧客的投訴電話。他連解釋帶賠罪地花了二十分鐘的時間才說服對方平息怒氣。掛上了電話，他去了洗手間。在回辦公室途中，他聞到咖啡的香味。原來另一部門的同事正在享受「上午茶」，他們邀他加入。他心裡想，剛費心思處理了投訴電話，一時也進入不了狀態，而且預算的草擬是一件頗費心思的工作，若頭腦不清醒，則難以完成，於是他毫不猶豫地應邀加入，便在那前言不搭後語地聊了一陣。

回到辦公室後，他果然感到精神奕奕，本以為可以開始「正式工作了」──擬定預算。可是，一看錶，乖乖，已經十點四十五了！距離十一點的部門例會只剩下十五分鐘。他想，反正在這麼短的時間內也不太適合做比較龐大耗時的工作，乾脆把草擬預算的工作留待明天算了。

「今日事今日畢。」這句名言是由美國政治家傑佛遜（Thomas

Jefferson）提出的，也是他一直遵循的工作準則（在他成功撰寫美國《獨立宣言》（*The Declaration of Independence*）和成為州長、副總統以及最後擔任第三任美國總統時）。

雖然傑佛遜的建議可能是合理的，但是在如今多工、快節奏的世界卻很難被遵從。我們中的許多人往往需要盡力應付眾多的優先事件（這很容易造成把事情拖到最後一分鐘）以跟上工作的步伐而不失去我們的思想。然而，如果拖延發生的次數過於頻繁，它可能導致更多不必要的壓力。

此處提供一些去掉這一壞習慣的方法：

1. 完美主義：做事情要盡善盡美，所以不願匆忙開始。

解決辦法：允許不完美的存在，每有一點進步都鼓勵自己。意識到自己不可能不犯任何錯誤，因此不必要求自己達到完美。

2. 容易頹廢：任務太難了，明天再做吧。明日復明日，一拖再拖。

解決辦法：把任務分成比較容易的小塊，化整為零，降低任務難度；

推遲自己要放棄的心態，每天盡可能多完成任務。

3. 自我貶低：常常不能很好地完成任務，自己的評價越來越低，當自己能很好地完成任務時卻認為是運氣。

解決辦法：對自己有信心，接受別人對自己工作的讚揚；自己對自己進行勉勵。否則明日復明日，明日何其多！從現在起，不再拖延！

目標名言

　　在適當的時候去做事，可節省時間；背道而行，往往會徒勞無功。

　　　　　　　　── 英國散文作家、法學家、哲學家、政治家培根

從考慮點到考慮系統

「將帥無能，累死三軍」這句話，大家應該不陌生。尤其身為管理者，更應該要深度體悟與銘記在心。能成為一員將帥，一定是身經百戰、經驗豐富，所以並非沒有能力，但為何會累死三軍？其主要關鍵，在於將帥是以「系統思考」，還是「單點思考」在統御他的大軍。

系統思考是為了接受新的可能，接受新的挑戰，接受新階段、新目標的到來。系統思考是一種思維方式，也是人們開創新局面的技巧。系統思考不是那種充滿學術氣、象牙塔中的活動，它是極其實用而且務實的一種思考工具，可以應用到各種商業和組織管理活動中。

系統思考又被稱為「見樹又見林的藝術」，它要求人們運用系統的觀點看待組織的發展，引導人們從看局部到綜觀整體，從看事物的表面到洞察其變化背後的結構，以及從靜態的分析到認識各種因素的相互影響，進而尋找一種動態的平衡。

據古代印度佛經中講，古時印度有一個小國，國王名叫鏡面王。他信奉釋迦牟尼的佛教，每天都拜佛誦經，十分虔誠。可是，國內當時流行很多神教巫道，多數臣民被他們的說教所迷惑，人心混亂，是非不明，很不利於國家的治理。鏡面王很想讓其臣民們都皈依佛教，於是就想出了一個主意：用盲人摸象的現身說法教育誘導他們。鏡面王吩咐侍臣說：「你找一些

完全失明的盲人到王城來。」使者很快就湊集了一群盲人，帶領他們來到王宮。

使者走進宮殿向鏡面王稟報說：「大王，您吩咐找的盲人現已帶到殿前。」鏡面王說：「你明天一早帶領盲人們到象苑去，讓他們每人只能觸控大象身體的一個部位，然後馬上帶他們來王宮前的廣場。」

第二天上午，鏡面王召集所有的大臣和數萬平民聚集在王宮前的廣場上，沸沸揚揚的人們交頭接耳，誰也不知道國王將要宣布什麼重大的事情。不一會，使者領著盲人們來到了鏡面王的高座前，廣場上的人們頓時安靜了下來。鏡面王向盲人們問道：「你們都摸到大象了嗎？」盲人們齊聲回答說：「我摸到大象了！」鏡面王又說：「你們每個人都講述一下大象是什麼模樣的。」摸到大象腿的盲人首先站出來說：「稟告聖明的國君，大象就像一隻盛漆的大圓桶。」摸到大象尾巴的盲人說：「大王，大象應該像一把掃帚。」摸到大象腹部的盲人說：「大王，大象確實像大鼓。」隨後，摸到大象頭部的說大象像大勺子，摸到大象象牙的說大象像牛角，摸到大象尾巴根部的說大象像棍杖，摸到大象耳朵的則說大象猶如簸箕。最後，摸到大象鼻子的盲人說：「聖明的大王，大象實在像一根粗繩索。」一群盲人分成了幾組，吵吵嚷嚷，爭論不休，都說自己正確而別人說的不對。他們又紛紛到鏡面王前爭辯說：「大王！大象的模樣確實像我說的那樣！」這時，在場的臣民見此都大笑不

止，鏡面王也意味深長地看著眾人笑了起來。

「盲人摸象」的這個故事眾所周知，含意深刻，盲人「眼」中的象顯然不符合實際，但他們完全錯了嗎？它又能帶給我們什麼樣的現實啟示？

象腿的確是大象的一部分，盲人並非完全無憑無據，他的錯誤在於以局部代替了整體。盲人以他所感受到的局部「真實」代替了整體的真實，因此我們說，這是因其認知問題、思考問題的方式發生了偏差，從而導致了結果錯誤。連繫我們的實際工作，無論是大的市場策略的制定，還是小到看似微不足道的事務處理，捫心自問：我們都盡可能了解到了更全面的情況嗎？我們做出的決定是不是最合理和客觀？

我們認為，每個人在認識問題、處理問題時，由於所處的角度不同、水準不同，還因為時空本身的不可重複性，都具有一定的侷限性，容易產生偏差，這是客觀存在的。我們容易看清自己了解熟悉的局部，而無法看到，甚至自然排斥並不了解的其他同時存在的真實情況。

因此充分意識到作為人本身認識問題的侷限性，並在工作中努力克服它、注意它，一切從客觀出發、從全局性出發來處理大小問題，這是管理人員和普通員工都必須明確的一點，這也就是「系統思考」！

那麼，如何盡可能減少偏差，不做井底之蛙，看到山外青山天外天呢？

　　一是必須實事求是地調查研究。不了解的或沒有親自調查研究的，切忌亂發言論，更不可亂做決定，也不能不負責任地以空話套話敷衍了事；

　　二是靠溝通、宣傳。只有溝通，方能了解，才可能找到共同點，由對抗到理解和合作，最終形成一個有力的團體，從而用團體的智慧來彌補客觀存在的認知局限。

　　這些盲人只要真誠溝通，他們就能「看」到完整的大象，就由局部走向了全面。這就是「盲人摸象」的系統思考。

目標名言

　　只見汪洋時就以為沒有陸地的人，不過是拙劣的探索者。

　　　　── 英國散文作家、法學家、哲學家、政治家培根

拒絕平底鍋思維：
多考慮應該做什麼，少考慮能夠做什麼

安東尼·羅賓講過這樣一個故事：許多年前，重量級拳王吉姆在例行訓練途中看見一個漁夫正將魚一條條地往上拉。但吉姆注意到，那漁夫總是將大魚放回去，只留下小魚。吉姆好奇地上前問那個漁夫為什麼只留下小魚，放回大魚。漁夫答道：「老天，我真不願意這麼做，但我實在別無選擇，因為我只有一個小的平底鍋。」

在你大笑之前，安東尼·羅賓提醒你，他實際是在講你呢！許多時候當我們想到一個大的主意時，往往會告訴自己：「天啊！可別來個這麼大的！我只有一個小鍋子呢！」我們更常常自我安慰道：「更何況如果是一個好主意，別人早該想到了。就請賜給我一個小的吧！不要逼我走出舒適的小圈子，不要逼我流汗。」

在我們每個人的生命中，都會面臨許多害怕做不到的時刻，因而畫地自限，使無限的潛能只化為有限的成就。

人生最重要的不是能夠做什麼，而是應該做什麼，應該怎樣展示人生的方向和道路，展現對未來的嚮往與追求。

貝聿銘出生於金融世家，1927 年，他隨父親調職舉家搬至上海，就讀於上海青年會中學。在學校裡，由於他口才出眾，同學們都認為他長大後最適合去當律師。

　　在中學讀書時期，每逢禮拜六、禮拜天，這位貴公子沒什麼事可做，就去離家不遠的大光明電影院附近玩撞球，玩累了便躺到電影院裡舒舒服服地看場好萊塢電影。打撞球和看電影，幾乎成了他中學時代消磨時光的最重要的兩大娛樂活動。應該說，那時候的他談不上未來該做什麼，甚至可以說有些安於現狀、隨波逐流。還好，他天資聰慧，學習成績一直很好。

　　不過他的父親常常引導他要樹立一些理想。但或許因為太年輕的緣故，他一直說不清自己長大後該做些什麼。他一會覺得自己適合當律師，一會覺得自己說不定也可以做個很好的銀行家，一會又覺得自己什麼也當不了。

　　1934 年，也就是在他 17 歲的那一年，他的生命中突然出現一件影響了他一生的事 —— 在他家附近，又有一座大樓破土動工了！照理說在高樓林立的大上海，一座大樓並沒有什麼稀奇的，但和別的大樓不同，這座大樓據說要建 26 層，並宣稱建成後將成為「遠東第一高樓」。26 層，這怎麼可能？他根本不相信大樓能夠建成人們傳說中的 26 層的高度，他覺得這是吹牛。也難怪，那時的上海是個十里洋場，是冒險家與吹牛大王的樂園，他雖涉世未深，但類似的牛皮故事他一定有所耳聞，因此他怎麼也不相信這會是真的。

　　在好奇心的驅使下，他決定前往建築工地一探真偽。為此，他放棄了以前的愛好 —— 打撞球和看電影，每到週末就準時趕往施工現場。一個月過去了、兩個月過去了，隨著大樓

像變魔術一般拔地而起，他漸漸相信了眼前的事實。

這座大樓叫國際飯店，是由一位外國建築師設計的，採用青島花崗石做外牆，有著深褐色的建築外觀，僅從外觀上看就與當時別的大樓大為不同。當大樓終於落成的那天，仰望著這座高聳入雲的龐然大物，他激動得哇的一聲跳了起來。

他深深地沉醉在這個神話般的奇蹟中，與此同時，一個自己也要建造一座和國際飯店一樣高的大樓的夢想也從他的心中冉冉升起。他認定，這就是他的理想 —— 這理想雖然像國際飯店一樣高不可攀，但他相信只要自己努力，就一定可以實現！

父親對他的理想雖然有些意外，但最後還是同意了他的選擇。不久，他就被父親送到美國學習建築。50 年後，當他重新回到上海的時候，已是世界著名的建築大師了。他一生所建造的那些數不清的高樓的高度，早就遠遠超過了當初的國際飯店！現在，貝聿銘的名字幾乎無人不知！

下面，請描繪你達到每一個人生目標的詳細旅程吧 ——這才是更讓人熱血沸騰的部分。對於每一個人生目標，都按照下面的步驟來處理：

1. 把每個人生目標單獨寫在一張白紙的頂端。

2. 在每個目標下面寫上你要完成這個目標所需要但是目前你又沒有的資源。這些東西可能是某種教育、職業生涯的改變、財務、新的技能等。

任何一個你在第 1 步裡面去掉的關鍵步驟，都可以在這一步中補上。如果任何一個目標下面還有子目標，都可以補上，以保證你的每一步都有精確的行動相對應。

3. 在第 2 步所列出的每項中，寫下你要完成每一步所需要的行動。這個可能是一個檢查清單，這是你可以完成你的目標的所有確切的步驟。

4. 檢查你在第 2 步裡面所寫的時間框架，在每一張目標表上寫下你所要完成目標的年分。對於那些沒有確定年限的目標，考慮一下你想要在哪一年完成它並以此作為年限。

5. 檢查整個時間框架，為你所需要完成的每一小步，寫下你所需要完成的現實時間。

6. 現在檢查你的整個人生目標，然後定一個你這週、這個月和今年的時間進度表 ── 以便你自己可以按照預定的路程去完成你的目標。

7. 把所有的目標完成時間點寫在你的進度表上，這樣你對要完成的事情就有了確定的時間了。在一年的結尾，回顧你在這一年裡面所做的，劃掉你在這一年裡面已經完成的，寫下你在下一年所要去完成的。

目標名言

人品、學問，俱成於志氣，無志氣人，一事做不得。

── 清代學者申居鄖

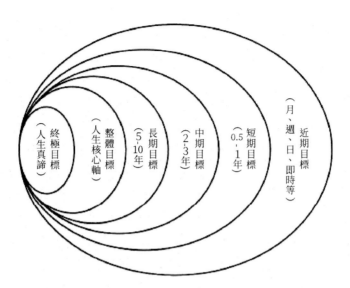

圖 8-2 生涯規劃系統的剝洋蔥圖

小測試一：
拖延商數測驗

請據實選擇以下每一個陳述最切合你的答案：

1. 為了避免對棘手的難題採取行動，我於是尋找理由和藉口。

   A. 非常同意 B. 略表同意 C. 略表不同意 D. 極不同意

2. 為使困難的工作能被執行，對執行者施加壓力是必要的。

   A. 非常同意 B. 略表同意 C. 略表不同意 D. 極不同意

3. 我經常採取折衷辦法以避免或延緩不愉快的事或困難的工作。

   A. 非常同意 B. 略表同意 C. 略表不同意 D. 極不同意

4. 我遭遇了太多足以妨礙完成重大任務的干擾與危機。

   A. 非常同意 B. 略表同意 C. 略表不同意 D. 極不同意

5. 當被迫從事一項不愉快的決策時，我避免直截了當的答覆。

   A. 非常同意 B. 略表同意 C. 略表不同意 D. 極不同意

6. 我對重要的行動計畫的追蹤工作一般不予理會。

   A. 非常同意 B. 略表同意 C. 略表不同意 D. 極不同意

7. 試圖令他人為管理者執行不愉快的工作。

   A. 非常同意 B. 略表同意 C. 略表不同意 D. 極不同意

8. 我經常將重要工作安排在下午處理，或者帶回家裡，以便在夜晚或週末處理它。

　　A. 非常同意 B. 略表同意 C. 略表不同意 D. 極不同意

9. 我在過分疲勞（或過分緊張，或過分洩氣，或太受抑制）時，無法處理所面對的困難任務。

　　A. 非常同意 B. 略表同意 C. 略表不同意 D. 極不同意

10. 在著手處理一件艱難的任務之前，我喜歡清除桌上的每一個物品。

　　A. 非常同意 B. 略表同意 C. 略表不同意 D. 極不同意

　　測試答案：

　　每題答「非常同意」計 4 分，「略表同意」計 3 分，「略表不同意」計 2 分，「極不同意」計 1 分。

　　總分小於 20 分，表示你不是拖延者，你也許偶爾有拖延的習慣。

　　總分在 21 至 30 分之間，表示你有拖延的毛病，但不太嚴重。

　　總分多於 30 分，表示你或許已患上嚴重的拖延毛病。

小測試二：

你有美好的前途嗎？

　　下列題目中，每題均有三個選項，根據你的實際情況，選擇一個適合你的答案。

1. 對於團體的工作，你抱著：（　）

　　A. 熱心參加的態度 B. 漠不關心的態度 C. 十分厭煩

2. 你對工作的態度是：（　）

　　A. 寧可做待遇低些但價值高的工作

　　B. 認為工作只不過是為了解決生活

　　C. 一心一意只做報酬高的工作，不理會工作有沒有意義

3. 當自己逐漸長大時，你同時會：（　）

　　A. 學習知識或者技能

　　B. 內心感到恐懼與不安

　　C. 毫無感覺，不予理會

4. 對於交朋友，你會感覺到：（　）

　　A. 十分重要，因此在平時你就喜歡與人交往，注意禮貌，爭取友誼

　　B. 以為友誼很平常，不必重視

　　C. 友誼無價值，不如孤獨自處

5. 對於報紙刊物的看法：（　　）

　　A. 認為有注意的必要，因此常選擇性閱讀，以了解世界大事，學習新的知識

　　B. 當作是茶餘飯後的消遣，可有可無

　　C. 不予注意，認為與其看報紙，不如去看電視

6. 對於服裝，你的態度是：（　　）

　　A. 要求端正、整齊，不必奢華

　　B. 只要能保暖適體，不必講究

　　C.「先敬羅衣後敬人」，對服裝十分講究

7. 當你孤獨寂寞時，你會：（　　）

　　A. 去找朋友，或去找些事情來做

　　B. 獨自去散散步，或者去看看電影

　　C. 閉門胡思亂想來打發時間

8. 當自己有缺點的時候，你就：（　　）

　　A. 承認自己的缺點，極力設法改正

　　B. 如果沒有人發覺，就不予理會，也不自我檢討

　　C. 即使有人指點，也極力否認

9. 對於生活開支，你：（　　）

　　A. 精打細算，量入為出，養成儲蓄的習慣

　　B. 認為只要不欠債就行

　　C. 今朝有酒今朝醉，不必有什麼計畫

10. 當遇到困難時，你就：（　）

　　A. 找出產生困難的原因，並且把遇到挫折當作是一次經驗和教訓

　　B. 內心不安，設法找人來幫忙

　　C. 獨自悲哀，感到消極，對前途無望

11. 當別人批評你時，你就：（　）

　　A. 冷靜地考慮別人的意見，如果是對的，就予以接受；不對的也不隨便發怒，只找機會辯白一下

　　B. 不理會別人的批評，不做任何反應

　　C. 對別人的批評，一概表示不滿，並且與人爭吵

12. 對男女關係的看法，你認為：（　）

　　A. 男女地位是平等的，彼此是合作的關係，任何一方均不應抱利用對方的心理。和異性朋友來往，不可存有邪念

　　B. 男女之間應保持相當距離

　　C. 男女關係很平常，可以很隨便

13. 當別人遇到困難時，你就：（　）

　　A. 首先判斷對方遇到的是什麼困難，如果有援助的必要，就立即去幫助對方

　　B. 不問理由，盡力去助人

　　C. 認為這是別人的事，採取袖手旁觀的態度

14. 對事物的「新」或「舊」的看法：（　）

A. 認為事物不必分新舊，好不好要看價值如何

B. 一視同仁

C. 只接受新的事物，舊的一概不要

15. 你對生活的安排是採取：（　）

A. 擬定一年的計畫，在一年之中又按月擬定具體的工作和學習目標

B. 請他人為自己安排，或者依照他人的生活計畫

C. 認為過一天算一天，不必做什麼安排

測試答案：

每題選 A 計 5 分，選 B 計 2 分，選 C 計 0 分。各題得分相加，統計總分。

60 分以上，優等。你對生活和事業抱有崇高理想，能面對現實，遇見困難挫折能設法克服，能與人合作，創造事業。

40-59 分，中等。你對生活和事業有一定想法，基本上能正視現實，對大部分困難和挫折能想方設法克服，但有時也會產生悲觀負面的念頭。

39 分以下，表示你對各種問題的認識尚不清楚，或抱有錯誤觀念，對克服困難缺乏信心。你必須加緊練習，鍛鍊自己，多多交友，才能創造美好的前途。

練習目標：
塗鴉目標練習

　　塗鴉區：

　　願景：＿＿＿＿＿＿

　　使命：＿＿＿＿＿＿

　　目標：＿＿＿＿＿＿

1. 我的人生目標是什麼？我想成為怎樣的一個人？（從個人生活、事業經濟、興趣愛好、和諧關係四個方面考慮）

　　＿＿＿＿＿＿＿＿＿＿＿＿＿＿＿＿＿＿＿＿＿＿＿＿＿

2. 我制定這些目標的理由是什麼？為什麼實現這些目標對我很重要？

　　＿＿＿＿＿＿＿＿＿＿＿＿＿＿＿＿＿＿＿＿＿＿＿＿＿

3. 為實現上述目標，我應該具備哪些方面的特徵或能力？

　　＿＿＿＿＿＿＿＿＿＿＿＿＿＿＿＿＿＿＿＿＿＿＿＿＿

4. 達成上述目標的過程中，我會遇到哪些障礙或挑戰？

　　＿＿＿＿＿＿＿＿＿＿＿＿＿＿＿＿＿＿＿＿＿＿＿＿＿

5. 為解決這些障礙，我需要在哪些方面繼續努力？請列出具體的行動計畫及實施步驟。

　　＿＿＿＿＿＿＿＿＿＿＿＿＿＿＿＿＿＿＿＿＿＿＿＿＿

6. 我將要每 ___ 天回顧我的計畫與目標，下一次回顧日期是

_____年 __ 月 __ 日

7. 如果可能的話，請在小組內討論並分享你的想法。

第九章
影響目標實現的心理因素

我們都知道，目標對一個人的心理有重大的影響，但事實上，心理因素也對目標的實現有著決定性的影響。掌握好目標與心理的關係，不僅有助於我們更好地認識目標、設定目標，也能幫助我們更好地實現目標、享受目標。

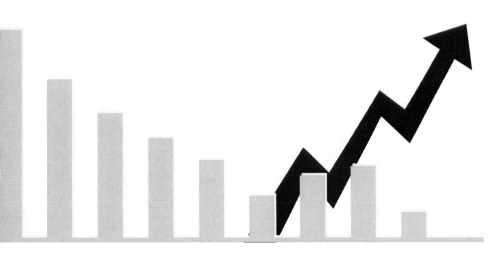

所有關於目標的問題都可以歸於心態的問題

常常有人問：我從哪裡來，我要到哪裡去，卻不問我到這裡做什麼，有什麼任務和人生目標。人生有什麼任務呢？當然是適應這個世界。如果違反這個規律，就會到處碰壁，拿石頭砸自己的腳，是自毀，是下下策。

而人生目標的實現，積極心態是主要部分。而心態積極，必定是因為有目標。人只要活在這個世界上，每天都會有各式各樣的欲求、需要、計劃、願望、追求、任務滿足等想法，我們都可以把它們叫做目標。抽象一點說，目標就是事物在時空中的某種方向性和趨勢性；通俗一點說，目標就是你慾望的具體化；說白一點，目標就是你到底想要什麼。

在一個天氣晴朗、風和日麗的下午，一位富翁到海邊度假，他決定拍攝一些海上的景色，於是「咔嚓、咔嚓」地拍了起來。快門響聲吵醒了一位正在睡覺的漁夫，漁夫抱怨富翁破壞了他的好夢。富翁說：「今天天氣這麼好，正是捕魚的好天氣，你怎麼在這睡大覺呢？」漁夫說：「我給自己定的目標是每天捕魚 10 公斤，平時要撒網 5 次，今天天氣好，我只撒網 2 次任務全部完成了。所以，沒事睡個午覺。」富翁問：「那你為什麼不再趁機多撒幾次網，捕更多的魚呢？」「那又有什麼用呢？」漁夫不解地問。富翁得意地說：「那樣你就可以在不久的將來買一艘大船。」「那又怎樣呢？」

「你可以僱人到深海去捕更多的魚。」「然後呢?」「你可以辦一個魚加工廠。」「然後呢?」「你可以買更多的船捕更多的魚,把加工後的魚賣到世界各地。」「然後呢?」「那你就可以做大老闆再也不用捕魚了。」「那我做什麼呢?」「你就可以在沙灘上晒晒太陽,睡睡覺了。」漁夫說:「那我現在不就在睡覺晒太陽嗎?」

究竟富翁的理論是正確的呢?還是漁夫的說法是正確的呢?也許每個人的答案是不同的。亞里斯多德(Aristotle)說過:生命的本質在於追求快樂,而使得生命快樂的途徑有兩條:

第一,發現使你快樂的時光,增加它;

第二,發現使你不快樂的時光,減少它。

所以說,不論你的人生目標是富翁式的還是漁夫式的,都沒有關係,只要你能保持積極的心態,確定正確目標,做自己想做的人,這才是真正意義上的成功。當然,定義你的目標是一件需要你花費很多時間仔細考慮的事情。

下面的步驟可以讓你開始這樣的旅程:

1. 寫出一個你人生目標的清單

人生目標是一件重要的事,換句話說,就是你的人生抱負,不過抱負聽起來總像一種超出你可控範圍的事情,而人生目標是,如果你願意投入精力去做,就可能達到的。因此,你這一生真正想要的是什麼?什麼是你真正想去完成的事情?什麼事情如果你突然發現你不再有足夠的時間去完成的時候,會

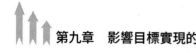

後悔不已？這些都是你的目標，把每個這樣的目標用一句話寫下來。如果其中任何目標只是達到另外一個目標的關鍵步驟，把它從清單中去掉，因為它不是你的人生目標。

2. 對於每一個目標，你需要設定一個你認為合適的時間框架

　　這就是你的十年計畫、五年計畫，還有你的一年計畫。其中一些目標可能會有「擱置期」，因為你的年齡、健康、經濟狀況等，這些用來完成目標的因素需要花一些時間來達成。

目標名言

　　咬定青山不放鬆，立根原在破岩中。千磨萬擊還堅勁，任爾東西南北風。

　　　　　　　　　　　　—— 清朝官員、學者、書法家鄭板橋

潛能釋放：
自信是釋放潛能的第一要素

　　牛頓（Newton）曾經用「我一定會找到它」激勵自己，也正是這句話讓牛頓一次次失敗後又一次次爬起並伴隨它攀上物理的高峰。瑞典科學家阿瑞尼斯（Svante Arrhenius）年輕時，將得出的電離理論告訴老師及學校學術委員會時都被否決，但他依然自信地把論文寄給歐洲四位有名的化學家，終於得到他們的肯定，因此獲得諾貝爾獎。正如索洛維契克所說：「一個人只要有自信，那他就能成為他希望成為的那樣的人。」當然，自信建立在自明的基礎上，與目空一切、自高自大是兩回事。所以，只有真正做到自信才會發掘自己的潛能，超越自我。

　　中國有位鋼琴演奏家，他的音樂造詣非常高，常常代表中國參加國際音樂盛會。十年動亂時，這位鋼琴家被囚禁，關押他的囚房只露出他的頭，四肢都不能動彈，但他還是堅持活了下來。後來，他被平反出獄，隨後又接到了出席世界音樂盛會的邀請。當他在舞臺上彈奏鋼琴的時候，居然嚇壞了很多人，因為他的鋼琴演奏技巧比關進監獄前還要高超，他彈奏的音色比原來還要優美動聽。

　　於是很多人問他：「你被關押了這麼多年，從未摸過琴，為什麼你的鋼琴演奏技巧不但沒有退步，反而還進步了許多

呢？」他說：「在我蹲監獄的日子裡，雖然沒有鋼琴，但我的大腦裡有個想像的鋼琴，我雖然手不能動，可我的思想每天都在彈奏它。」

在社會發展中，優勝劣汰是必然的。對於每個人而言，天生的智慧都是差不多的，但有的人卻懂得挖掘自己潛在的智慧和力量，在激烈的社會競爭中站在時代的浪頭前立於不敗之地。對於這些人而言，他們把握了自己的命運，改變了自己的生活。現在，他們已經走在了我們前面，我們已經有了好的榜樣，這時正應該彌補我們的不足，追趕這些自我的超越者，從而不斷地完善自己，發掘自己的潛能。

人類的潛能如同一口油井，挖得越深，噴出的油也越多，只要深挖不懈，必定油如泉湧。現在，如果你已經有了開發自我潛能的慾望，並且有了為自己所愛的事業奮鬥一生的志向，請你用積極思考的頭腦，發現問題，用勇於挑戰前人的思想來幫你解決問題，伴隨自信到達成功的巔峰。

目標名言

凡事都要腳踏實地去做，不馳於空想，不驚於虛聲，而唯以求真的態度做踏實的工夫。以此態度求學，則真理可明，以此態度做事，則功業可就。

—— 李大釗

心理動機：
動機是實現目標的內部驅動力

　　恩格斯（Friedrich Engels）說：「人們透過每一個人追求他自己的、自覺期望的目的而創造自己的歷史。」「就個別人說，他的行為的一切動力，一定要透過他的頭腦，一定要轉變為他的願望的動機，才能使他行動起來。」可見，動機是直接推動人進行活動的內部動力。

　　人的動機分兩種：內部動機和外部動機。如果按照內部動機去行動，我們就是自己的主人。如果驅使我們的是外部動機，我們就會被外部因素所左右，成為它的奴隸。

　　一群孩子在一位老人家門前嬉鬧，叫聲連天。幾天過去，老人難以忍受。於是，他出來給了每個孩子 25 美分，對他們說：「你們讓這裡變得很熱鬧，我覺得自己年輕了不少，這點錢表示謝意。」

　　孩子們很高興，第二天仍然來了，一如既往地嬉鬧。老人再出來，給了每個孩子 15 美分。他解釋說，自己沒有收入，只能少給一些。15 美分也還可以吧，孩子仍然興高采烈地走了。

　　第三天，老人只給了每個孩子 5 美分。

　　孩子們勃然大怒，「一天才 5 美分，知不知道我們多辛苦！」他們向老人發誓，他們再也不會為他玩了！

在這個寓言中，老人的盤算很簡單，他將孩子們的內部動機「為自己快樂而玩」變成了外部動機「為得到美分而玩」，而他操縱著美分這個外部因素，所以也操縱了孩子們的行為。

如將外部評價當作參考標準，我們的情緒就很容易出現波動。因為，外部因素我們控制不了，它很容易偏離我們的內部期望，讓我們不滿，讓我們牢騷滿腹。不滿和牢騷等負面情緒讓我們痛苦，為了減少痛苦，我們就只好降低內部期望，最常見的方法就是減少努力程度。

一個人形成外部評價體系，久而久之，就忘記了自己的原初動機，做什麼都很在乎外部的評價。上學時，他忘記了學習的原始動機──好奇心和學習的快樂；工作後，他又忘記了工作的原始動機──成長的快樂，上司的評價和收入的起伏成了他工作的最大快樂和痛苦的源頭。

切記：外部評價系統經常是一種家族遺傳，但你完全可以打破它，從現在開始培育自己的內部評價體系，讓學習和工作變成「為自己而玩」。

同時要記住，一個人的成就動機水準決定著目標的選擇和實現目標所採取的策略，決定著你是追求極高的目標而不怕冒險，還是墨守成規、穩妥至上。高成就動機者往往喜愛捕捉大目標，放棄一些小目標，一旦面臨真正值得追求的目標他們會無所畏懼、勇於冒險。在競爭的情況下，高成就動機者也會有出色表現，他們的毅力比低成就動機的人來得更長久。

目標名言

　　志不立，如無舵之舟，無銜之馬，漂蕩奔逸，何所底乎？志不立，天下無可成之事。雖百工技藝，未有不本於志者。

—— 《訓欲遺規》

情感的平衡：
一切的目標都以滿足情感需求為基準

　　在成功的路上，最大的敵人其實並不是缺少機會或是資歷淺薄，而是缺乏對自己情緒的控制。憤怒時，不能制怒，使周圍的合作者望而卻步；

　　消沉時，放縱自己的萎靡，把許多稍縱即逝的機會白白浪費。

　　同時，情緒情感與認知過程一樣是人對客觀現實的反映。產生的根源在於客觀現實本身。人沒有無緣無故的愛，也沒有無緣無故的恨。但情緒情感不同於認知過程。認知過程是人對客觀事物本身的反映，情緒情感是反映事物與人的需要之間的關係。客觀事物並不全部都能引發人的情緒情感，只有與人的需要有關的事物，才能引發人的情緒情感。一般地說，凡滿足人的需要的事物，會引起肯定的情緒體驗（如愉快、滿意等），凡不能滿足人的需要的事物，則引起否定的情緒（如憤怒、恐懼等）。此外，認知過程是透過形象或概念來反映客觀事物，而情緒是透過體驗來反映客觀事物與人的需要之間的關係，無論人對客觀事物抱什麼態度，人自身都能直接體驗到。「體驗」被認為是情緒情感的基本特徵。離開了體驗就談不上情緒情感。

　　力克‧胡哲（Nick Vujicic）生於澳洲，天生沒有四肢，卻

擁有兩個大學學位，是兩個機構的負責人，同時投資房地產和股票。騎馬、游泳、打鼓、足球…樣樣皆能，足跡踏遍世界各地，2005 年獲得「傑出澳洲青年獎」。這個 27 歲的年輕人以他自己的生命見證，感動、影響和鼓舞每一個認識他的人，引發大家對生命和自我的深深思考。

天生沒有四肢，對此作為護理師和牧師的父母無法給他解釋，全澳洲的醫生也無法給他解釋。唯一的解釋是，只有上帝才明白他的身體到底發生了什麼事。「我生在一個充滿愛的家庭裡，父母和所有親人都很疼愛我。

很明顯，我是天生與別人不同的，但他們卻從沒提起過我的身體異於常人。在五六歲時，我知道自己沒有手腳，然而我真的認為沒什麼大不了。

直到進入小學，同學們對我的身體發出嘲笑或者尖叫時，我才真的感到自己的身體很怪異，對於同學的嘲笑和排擠，我感到深深的孤獨。」他對自己的生命感到絕望，內心充滿挫敗感和抱怨，一度試圖在家裡的浴缸自殺。

13 歲那年，媽媽把一份刊登了一個殘障人士故事的剪報給他看，這改變了力克對自己和別人生命的看法，「原來我不是這個世界上唯一一個擁有無法解釋及醫療的殘障受害人……」15 歲那年，他讀到聖經中一個天生瞎眼的人，耶穌說：「發生在他身上的事，是要顯出神的作為來。」當他讀到那一章時，感到有信心的熱浪撲向他，心境變得平靜。他相信發生在他身

上的事，神必有他的安排。今天，力克堅定地說：「現在就算你用百萬元來引誘我，叫我長出手腳，我也不會考慮。」

　　良好的情緒情感是人生最大的財富，它不僅可以使你得到人們的喜愛與接納，還可以在今後的人生旅途中獲得永久的快樂與成功。良好的情緒情感將促使你與友情相融、與快樂相約、與成功為伴，使你有更多的能力、更大的發展空間去迎接未來社會對你的各種挑戰。

圖 9-1 情感的平衡圖

目標名言

　　一個從不懷疑生活方向和目標的人，絕對不會絕望。

　　　　　　　── 法國作家莫里亞克（Francois Mauriac）

開啟超意識：
每一個「夢」都能夢想成真

　　許多人研究發現人類可以利用一種宇宙間超然的智慧，它超越了一切人類的形態，我們稱它為「超意識」。它是所有靈感與激勵的原動力。你做事情的動機，你的衝勁，你感到興奮，你突然而來的靈感，你能夠洞悉事物，遇到事情的直覺反應，甚至你的創造力與革新發明，你的新點子跟新構想，它們的根源都是這個超意識。如果你能夠了解並且挖掘超意識，你的生命將因此而改變。因為這種超意識的能力，可以不再使你受知識、資源、環境的挾持，而從超意識汲取無限的能力，解決你所面臨的問題，達成你的目標。

　　賈伯斯（Steven Jobs）剛滿 10 歲時，就深深迷上了一樣東西：電子產品。這個東西似乎對他有無限的吸引力。鄰居工程師賴瑞帶來的碳粒式麥克風迷住了他，不停地向賴瑞發問。賴瑞只好把麥克風送給他，讓他自己去仔細研究。此後，賈伯斯每天晚上都泡在賴瑞家中，一點一滴地汲取有關電子產品的知識。見他聰明好學，賴瑞就推薦他參加惠普公司的「發現者俱樂部」。就在一次聚會中，12 歲的賈伯斯第一次見到了電腦。那天晚上，賈伯斯一邊玩那臺新式桌上型電腦，一邊想：「自己要是有這麼一臺電腦該多好呀！」這一夢想成了他日後在矽谷闖蕩的強大動力。

　　1976 年初，賈伯斯和黃金搭檔沃茲尼克（Stephen Wozniak）的公司在賈伯斯的車庫裡開張了。時年賈伯斯僅 21 歲，沃茲尼克 26 歲。為給公司取名字，賈伯斯絞盡了腦汁。一次出席朋友聚會時那紅撲撲、鮮嫩欲滴的蘋果給了他靈感。在他心裡，蘋果是全世界人都愛吃的水果，如果把蘋果與電腦放在一起，肯定會對大眾產生一種有趣的誘惑力和神祕的吸引力。況且，如此命名的話，在電話薄上蘋果便會排在雅達利公司的前面，在激烈的微電腦競爭中，自己公司便先勝其他公司一籌。於是，「蘋果」電腦這個響噹噹的名字就這樣誕生了。

　　任何超意識的行為都源自熱愛。熱愛增加一分，則行動迫切一分。因此，如果你尚未成就大事，千萬不要抹滅你心中泛出的點點激動和熱愛。

　　超意識的答案一共有三種來源：第一種是直覺，也就是發自內心的一種強烈的感覺。認為：這一定是答案。第二種是偶然的機遇。你遭遇到的人、事物、資訊等，就是你要的答案。第三種是突發性事件。你如何斷定它是超意識的答案呢？這個方法很簡單。

　　第一，當這個答案產生的時候，它一定是非常完整的，能夠解決問題的各個層面；

　　第二，它是使你的感覺豁然開朗，非常明顯合理的答案；

　　第三，當你得到超意識解答的時候你會感覺到充滿了喜悅和興奮的心情，你的自我價值上升，你充滿了正向的態度。超

意識活動定律是決定你的所作所為，甚至未來命運的重要定律。任何的思想、計畫、目標和點子，只要你能夠將它持續地放在心上，就能夠被超意識能力帶到現實生活中，這也正是歷史上很多偉人之所以成功的原因。

而重點是你也可以以同樣的方式來成功。只要你能夠明確地定義你的目標，清楚地表達你想要的是什麼，然後不斷地想著你想要的東西。專心在你的目標上，不要去想其他的東西，最後你的理想一定會變成現實。

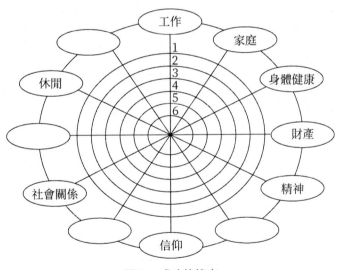

圖 9-2 成功的緯度

目標名言

　　誰有進取的意志，誰就做得成。

　　　　　　—— 法國現代著名文學家、音樂評論家羅曼·羅蘭

小測試一：
測測你的心裡動機

1. 時間的隱喻（比喻），你喜歡哪一種象徵時間的比喻？（　）

　　A. 風平浪靜的海面

　　B. 飛馳中的騎士

　　C. 逃跑中的賊

　　D. 月夜中漫長的小道

2. 時間的描寫（　）

　　你認為下面哪幾個形容詞最適合於描寫你對時間的觀念？可選 3 ～ 5 個。

　　尖銳、活潑、空虛、緩和、緊張、陰鬱、開朗、寒冷、深厚。

3. 過去事件的時間（　）

　　你不要查閱任何參考資料或詢問別人，判別一下下列事件發生在何時？

　　A. 朝鮮戰爭爆發（　）

　　B. 古巴導彈危機（　）

　　C. 赫魯雪夫下臺（　）

　　D. 金恩博士遇刺（　）

4.檢查一下你的錶

請你檢查一下你的手錶或床邊的鬧鐘，確定其準確程度，然後與標準時間對照，填入下表：

你的鐘錶時間 （ ）時 （ ）分

標準時間 （ ）時 （ ）分

你的鐘錶：正確 （ ）快 （ ）慢 （ ）

5.了解時間

請找一人幫忙，選擇一間不受干擾的安靜房間，把所有的錶都拿開，不能看書報雜誌。你可以收聽輕音樂之類的節目，但不能聽有時間暗示的廣播節目。當助手決定開始後，你摒棄一切雜念，保持心情沉寂。當助手決定結束時，在他報出時間之前，你判斷自己坐在房間裡過了多久。記下後填入下表：

你的判斷 （ ）分

實際時間 （ ）分

你的判斷：正確 （ ）超過 （ ）不足 （ ）

測試答案：

1. 選擇 B 或 C，成就動機高；選擇 A 或 D，成就動機低。

2. 選擇「開朗、尖銳、活潑、緊張」等詞者，成就動機高；選擇「空虛、緩和、陰鬱、寒冷、深厚」等詞者，成就動機低。

3. 事件的實際發生時間為：

A. 朝鮮戰爭爆發於 1950 年 6 月 25 日；

B. 古巴導彈危機在 1962 年 10 月 16 日至 29 日；

C. 赫魯雪夫下臺在 1964 年 10 月；

D. 金恩博士遇刺在 1968 年 4 月 5 日。

如果你的答案比實際時間晚，表示成就動機較高；否則較低。因為成就動機高的人對事情的經過比較擔心，常把過去的事件回憶得與現實接近些。

4. 如果你的錶比標準時間走得快，表示成就動機高；反之，如果錶走得慢一些，則成就動機低。

5. 如果你猜想的時間接近或多於實際經過的時間，說明成就動機較高；如果猜想得過於短暫，說明成就動機低，因為你不擔心失去時間。

小測試二：
了解你的情緒

下面是一個情緒測驗，透過這個測驗，你可以了解你的情緒是否健康，是否在你的掌控之中。

1. 看到自己最近一次拍攝的照片，你有何想法？

    A. 覺得不稱心 B. 覺得很好 C. 覺得可以

2. 你是否想到若干年之後會有什麼使自己極為不安的事？

    A. 經常想到 B. 從來沒有想過 C. 偶爾想到過

3. 你是否被朋友、同事或同學起過綽號、挖苦過？

    A. 這是常有的事 B. 從來沒有 C. 偶爾有過

4. 你上床以後，是否經常再起來一次，看看門窗是否關好，水龍頭是否關緊等？

    A. 經常如此 B. 從不如此 C. 偶爾如此

5. 你對與你關係最密切的人是否滿意？

    A. 不滿意 B. 非常滿意 C. 基本滿意

6. 半夜的時候，你是否經常覺得有什麼值得害怕的事？

    A. 經常 B. 從來沒有 C. 極少有這種情況

7. 你是否經常因夢見什麼可怕的事而驚醒？

    A. 經常 B. 沒有 C. 極少

8. 你是否曾經有多次做同一個夢的情況？

　　A. 有 B. 沒有 C. 記不清

9. 有沒有一種食物使你吃後嘔吐？

　　A. 有 B. 沒有 C. 記不清

10. 除去看見的世界外，你心裡有沒有另外的世界？

　　A. 有 B. 沒有 C. 記不清

11. 你心裡是否時常覺得你不是現在的父母所生？

　　A. 時常 B. 沒有 C. 偶爾有

12. 你是否曾經覺得有一個人愛你或尊重你？

　　A. 是 B. 否 C. 說不清

13. 你是否常常覺得你的家庭對你不好，但是你又的確知道他
們實際上對你很好？

　　A. 是 B. 否 C. 偶爾

14. 你是否覺得沒有人十分了解你？

　　A. 是 B. 否 C. 說不清楚

15. 你在早晨起來的時候最常有的感覺是什麼？

　　A. 憂鬱 B. 快樂 C. 講不清楚

16. 每到秋天，你常有的感覺是什麼？

　　A. 秋雨霏霏或枯葉遍地 B. 秋高氣爽或豔陽天 C. 不清楚

17. 你在高處的時候，是否覺得站不穩？

　　A. 是 B. 否 C. 有時是這樣

18. 你平時是否覺得自己很強健？

　　A. 否 B. 是 C. 不清楚

19. 你是否一回家就立刻把房門關上？

　　A. 是 B. 否 C. 不清楚

20. 你坐在小房間裡把門關上後，是否覺得心裡不安？

　　A. 是 B. 否 C. 偶爾是

21. 當一件事需要你做決定時，你是否覺得很難？

　　A. 是 B. 否 C. 偶爾是

22. 你是否常常用拋硬幣、翻紙牌、抽籤之類的遊戲來測凶吉？

　　A. 是 B. 否 C. 偶爾

23. 你是否常常因為撞到東西而跌倒？

　　A. 是 B. 否 C. 偶爾

24. 你是否需要一個多小時才能入睡，或醒得比你希望的早一個小時？

　　A. 經常這樣 B. 從不這樣 C. 偶爾這樣

25. 你是否曾看到、聽到或感覺到別人察覺不到的東西？

　　A. 經常這樣 B. 從不這樣 C. 偶爾這樣

26. 你是否覺得自己有超乎常人的能力？

　　A. 是 B. 否 C. 不清楚

27. 你是否曾經覺得因有人跟著你走而心裡不安？

　　A. 是 B. 否 C. 不清楚

28. 你是否覺得有人在注意你的言行？

　　A. 是 B. 否 C. 不清楚

29. 當你一個人走夜路時，是否覺得前面暗藏著危險？

　　A. 是 B. 否 C. 偶爾

30. 你對別人自殺有什麼想法？

　　A. 可以理解 B. 不可思議 C. 不清楚

測試答案：

以上各題的答案，選 A 得 2 分，選 B 得 0 分，選 C 得 1 分。請將你的得分統計一下，算出總分。得分越少，說明你的情緒越佳，反之越差。

總分 0 ～ 20 分，表明你情緒良好、自信心強，具有較強的美感、道德感和理智感。你有一定的社會活動能力，能理解周圍的人們的心情，顧全大局。你一定是一個性情爽朗、受人歡迎的人。

總分 21 ～ 40 分，說明你情緒基本穩定，但較為深沉，對事情的考慮過於冷靜，處事淡漠消極，不善於發揮自己的個

性。你的自信心受到壓抑，辦事熱情忽高忽低，易瞻前顧後、躊躇不前。

總分在 41 分以上，說明你情緒不佳，日常煩惱太多，使自己的心情處於緊張和矛盾之中。

如果你的得分在 50 分以上，則是一種危險訊號，你務必請心理醫生做進一步診斷。

練習目標：
目標實現法

一個人設定目標時，最重要的並非「如何」實現這個目標，而是「為何」要設定這些目標，「為何」比「如何」更重要。

步驟一：列下實現目標的理由

成功者在設定目標的同時，也會找出設定這些目標的理由來說服自己。當他十分清楚地知道實現目標的好處以及不實現目標的壞處時便會馬上設下時限來規範自己。

步驟二：設下時限

一般人如果沒有時限來集中注意力的話，很難檢查出自己在不同時間段到底做到什麼程度了。因此，當明確知道目標之後，便要設下明確的實行時限。

步驟三：列下實現目標所需的條件

若不知道實現該目標所需的條件，如何去進行則會模糊。比如你想進哈佛大學就讀，卻不知哈佛的錄取標準，則進入哈佛必定有困難，如果明確知道它的錄取標準，則更能按部就班地達到它所要求的標準。

步驟四：自問「假如要實現目標的話，我自己必須變成什麼樣的人」，並在紙上列下來

很多人想成功，卻不清楚成功者所具備的條件。列出成功者所需具備的條件，讓自己知道該往哪個方面邁進，成為怎樣的人。

例如，你的目標是三年內當經理，接下來便把當經理的條件和能力列出來，明確告訴自己就是要成為那樣的人。

步驟五：列下目前不能實現目標的所有原因，從難到易排列其困難度

自問「現在馬上用什麼辦法來解決那些問題」，並逐項寫下。列完解答之後，這些解答通常就是立即可以採取的行動，並且十分明確。

步驟六：下定承諾，直到實現目標為止，否則絕不放棄

許多人只是對目標「有興趣」，並未決定一定要實現目標。「有興趣」

不會讓你成功，「決定成功」才能讓你成功。

步驟七：設下時間表，從實現目標的最終期限倒推至現在

例如，你決定三年之內當上經理，則列下後兩年內要做到的程度，今年內要做到的程度，每個月要做到的程度及每天該做的事。

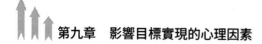

步驟八：馬上採取行動，現在開始

步驟九：衡量每天的進度，每天檢查成果

　　若每年檢查一次實施成果，則一年只有一次機會可以改正錯誤；若每月檢查一次，則有 12 次機會改正錯誤；若每天衡量一次，則有 300 多次機會，更別說每天衡量數次進度了，機會當然相對增加。

　　快速實現目標，將它具體化。重點在於把所有目標寫在紙上，盡量具體化，例如想買汽車，就把汽車照片貼在眼睛右上方看得到的地方，每天早晚利用 5 ～ 10 分鐘的時間，想像你已擁有這部車，並獲得擁有該車的所有好處，這會加速你實現願望的時間。

後記　想像五年之後的你

　　五年前的選擇，會決定我們今天的生活方式，同樣，五年後的生活狀態取決於我們今天會做些什麼。

—— 題記

　　大概在三個月前，一次發展論壇上，遇到了五年前的一位同事 W，因為彼此好久不見了，而且當年的關係也不錯，於是就約在一起吃了個午飯，聊了聊彼此這幾年的情況。

　　我們找了一家西餐廳，在一個較安靜的位置坐下。剛剛點完單之後，W 就迫不及待地首先開了腔，這一點很符合他的性格，在我印象中，他很擅於開啟話題。W 先從他到一家港資企業做品質經理談起，談在新的公司有什麼好處，以及後面遇到了什麼意想不到的情況，後來又是如何跳槽離開那家公司。在講到第二家公司時，他不止一次地提到自己的興趣和優勢並不在印刷產業，而是在與人打交道的產業，比如咖啡廳或者書店什麼的。中間我有幾次想打斷他的談話，想了解其中的幾個細節，都沒找到合適的切入點。終於在店員上飲料的時候，我插進了一句話：「W，我感覺分開這幾年，你基本上沒怎麼變，還是那麼開朗活潑。」

　　我不確定 W 是否能推斷出我想要表達的潛臺詞：「你雖然年齡長大了幾歲，薪資增加了不少，人還是沒怎麼成熟起來。」

「江山易改，本性難移嘛！」

我不想我們的溝通發生偏差，於是我單刀直入地說道：「W，你剛才提到你在第二家公司感覺到自己的興趣點不在印刷產業，而是在咖啡西餐廳或者紅酒書店？」

一談到他感興趣的話題，W兩眼放光，身子不由地向前傾了傾，看他的面部表情和肢體語言，好像有很多話要說。

「我做了很多相關的性格測評和優勢評估，每一次都會得出我擅於與人打交道，能夠很快地與陌生人建立關係的結論。我也與身邊的很多人聊起過我想開一家咖啡廳的想法，也請他們對我的想法提了很多建議。」

「還做了什麼？」

「我還到網路上找了很多關於咖啡廳的資料，儲存在我的電腦上，差不多有好幾百個檔案。」

「W，聽起來還不錯，除了這些，你還做了些什麼？」

「其他的好像沒有了，這些還不夠多嗎？」

「W，我們聊了這麼久，你還沒有問過，我目前做什麼工作呢。不如直說吧，我目前在做企業管理諮商這方面的工作，想不想聽聽我對這件事的一些看法，或者再直接一點說，因為我們關係也不錯，想不想聽我給你提一些關於咖啡廳這件事的建議？」

他非常開心地說：「那當然好了！」因為和別人在一起聊天，基本上都是他給別人介紹自己宏偉的想法，很少有人會鄭

重地提建議給他，「只不過今天不能算諮商費哦！」

「W，我覺得你有這樣的想法非常好，能否告訴我你想在哪一年擁有自己的咖啡廳？」

「這個我還真沒想過，我想大約應該是在 5 年後吧！」

「這一點很關鍵，如果我們有目標，但是沒有實現的時間表，那其實是在跟自己開玩笑。你確認你想在 5 年之後擁有一家自己的咖啡廳嗎？」

「是的。」

「那我們一起來看一下，你想擁有一家大概怎樣的咖啡廳？地點、大小、風格、人數等。」

W 怔了一下，「這個想過，但想得不深。」

「沒事，我們現在一起來梳理一下你的這個計畫，我們就暫時叫『時光咖啡廳計畫』吧！」

我拿出幾張紙來，在頂上寫上「時光咖啡廳計畫」。

「我們先來看 5 年之後你想有一間什麼樣的咖啡廳？」

「我傾向於市中心靠近大學的區域，那邊大學生比較多，潛在消費客戶會比較容易找一點。面積我期望在 60 坪左右，最好是上下兩層的店面，可以裝修成較豐富的風格。以咖啡、西餐和法國紅酒為主，員工人數初步計劃在 10 人左右。」

「有沒有想過投資額大概會是多少？其中房租多少？裝修費用多少？

宣傳費用多少？員工薪資多少？流動資金需要多少？」

「關於費用，我目前只想到了兩個數字，就是首期總投資可能在 200 萬元左右，然後每月營運費用大概在 20 萬左右，其他的沒有細算，看來我得需要再去做些功課了。」

「如果你想在 5 年之後在大學附近擁有一家自己的咖啡廳，除了資金方面，我們還需要考慮哪些因素？或者說為了實現這樣一個目標，我們前期還需要做些什麼？你不妨用往回倒推的方式來思考一下。比如：第 4 年、第 3 年、第 2 年等分別需要做些什麼，或者實現什麼？」

「從店面的角度來講，那第 4 年底就得完成裝潢和布置了，往回倒推，如果裝潢需要 3 ～ 6 個月的話，當年上半年就得找到店面並且完成租賃等事務。據我了解，一般要找到一家合適的店面，順利的話也需要大約 1 年的時間，這樣來看，我可能要在第 3 年上半年開始透過仲介或者其他方式尋找合適的位置和店面了。」

「非常好，除了店面呢？」

「當然，還有人員應徵及產品研發等前期事項，如果要在 5 年後準時開業，我們得提前至少半年開始徵人，某些重要職缺可能要提前一年應徵。」

「W，你剛才談到的這些細節很好，有沒有想到你漏掉了幾件重要的事情？」

「哦！」

「關於投資費用，5 年後你的資金需求為至少 200 萬至 300

萬元，那你現在的積蓄，還有你接下來 5 年的收入，還有多大的資金缺口？你將如何去籌集到這部分資金？找合夥人，還是找投資人，還是用其他的方式？這些你都要從現在開始著手思考了。還有如果將來由你自己來管理，你是不是要考慮開始學習一些營運管理方面的知識了？該掌握一些基本的財務知識了？還有你得去了解一下註冊一家咖啡廳需要哪些手續及條件？」

「是呀，還有很多事情要做。」

「那麼我們一起來梳理一下。」

「如果你想在 5 年後擁有一家自己的咖啡廳，第 4 年底，你需要裝修完畢，而且大部分的人員應徵到位，相應的酒水飲料要全部到位。」

「第 3 年初，你要註冊店名，開始店面選址，洽談及辦理租賃，啟動重要人才的應徵及選拔。」

「第 2 年初，你要學習店面營運、財務知識，考慮店面主要流程等。」

「第 1 年，你要撰寫商業計畫書，制定融資計畫，尋找合適的合夥人等。」

「那從現在開始，你需要做些什麼呢？」

「我開始閱讀學習，參觀考察一些好的咖啡廳，了解紅酒知識、西餐禮儀，尋找合適的合夥人及投資人。」

「總體來說，要把我之前想到但沒有做的事情，逐步地付諸行動。」

「好的，W，我很期待在我們下次見面時，你會告訴我你當前的進度。」

「謝謝！我會的，很感謝你幫我梳理這個計畫，以後如果有什麼不清楚的地方，我會隨時請教你。」

這次談話不僅幫 W 先生梳理了目標，也是對我自己的一次警醒。每當我在最困惑的時候，就會靜下來問我自己：五年後你「最希望」看到自己在做什麼？如果要實現這個目標，從現在開始，我應該做些什麼？

其實上帝已經把人生的「選擇」的權力交在我們的手上了。在你常常問自己「為什麼會這樣」、「為什麼會那樣」的時候，不妨試著問一下自己，你是否很「清楚明白」地知道你自己想要的是什麼。

電子書購買

爽讀 APP

國家圖書館出版品預行編目資料

目標正能量！90 天定位成功，每個「夢」都能
成真：分解目標、精確定位、堅韌信念、制定計
畫，掌握七步達成目標之藝術 / 肖鳳德，王兵圍
著 . -- 第一版 . -- 臺北市：崧燁文化事業有限公
司 , 2024.01
面； 公分
POD 版
ISBN 978-626-357-922-4(平裝)
1.CST: 自我實現 2.CST: 成功法 3.CST: 目標管理
177.2 112022189

目標正能量！ 90 天定位成功，每個「夢」都
能成真：分解目標、精確定位、堅韌信念、制
定計畫，掌握七步達成目標之藝術

臉書

作 者：肖鳳德，王兵圍
發 行 人：黃振庭
出 版 者：崧燁文化事業有限公司
發 行 者：崧燁文化事業有限公司
E - m a i l：sonbookservice@gmail.com
粉 絲 頁：https://www.facebook.com/sonbookss/
網 址：https://sonbook.net/
地 址：台北市中正區重慶南路一段六十一號八樓 815 室
Rm. 815, 8F., No.61, Sec. 1, Chongqing S. Rd., Zhongzheng Dist., Taipei City 100,
Taiwan
電 話：(02) 2370-3310 傳 真：(02) 2388-1990
印 刷：京峯數位服務有限公司
律師顧問：廣華律師事務所 張珮琦律師

-版權聲明

定 價：375 元
發行日期：2024 年 01 月第一版
◎本書以 POD 印製
Design Assets from Freepik.com